国故论衡

章太炎／撰

陈平原／导读

蓬莱阁典藏系列

上海古籍出版社

图书在版编目(CIP)数据

国故论衡 / 章太炎撰;陈平原导读. —上海：
上海古籍出版社，2019.5 (2025.9重印)
(蓬莱阁典藏系列)
ISBN 978-7-5325-8901-2

Ⅰ.①国… Ⅱ.①章… ②陈… Ⅲ.①国学－研究－
中国－近代 Ⅳ.①Z126.275②B259.2

中国版本图书馆 CIP 数据核字(2018)第 132112 号

蓬莱阁典藏系列

国故论衡

章太炎 撰 陈平原 导读
_____

上海古籍出版社 出版、发行

(上海市闵行区号景路 159 弄 1－5 号 A 座 5F 邮政编码 201101)
(1) 地址：www.guji.com.cn
(2) E-mail：guji1@guji.com.cn
(3) 易文网网址：www.ewen.co

印 刷 江阴市机关印刷服务有限公司
开 本 787×1092 1/32
印 张 7
插 页 5
字 数 115,000
版 次 2019 年 5 月第 1 版 2025 年 9 月第 4 次印刷
ISBN 978-7-5325-8901-2/K·2511
定 价 31.00 元

如有质量问题,请与承印公司联系

出版说明

　　中国传统学术发展到晚清民国，进入一个关键的转折时期。面对"数千年未有之变局"，旧传统与新思想无时不在激荡中融汇，学术也因而别开生面。士人的眼界既开，学殖又厚，遂有一批大师级学者与经典性著作涌现。这批大师级学者在大变局中深刻反思，跳出旧传统的窠臼，拥抱新思想的精粹，故其成就者大。本社以此时期的大师级学者经典性著作具有开创性，遂延请当今著名专家为之撰写导读，希冀借助今之专家，诠释昔之大师，以引导读者理解其学术源流、文化背景等。是以本社编有"蓬莱阁丛书"，其意以为汉人将庋藏要籍的馆阁比作道家蓬莱山，后世遂称藏书阁为"蓬莱阁"，因借取而为丛书名。"蓬莱阁丛书"推出后风行海内，为无数学子涉猎学术提供了阶梯。今推出"蓬莱阁典藏系列"，萃取"蓬莱阁丛书"之精华，希望大师的经典之作与专家的精赅之论珠联璧合，继续帮助读者理解中国传统学术的发展与大师的治学风范。

目 录 |

《国故论衡》导读

陈平原

　　不管你认定他是"有学问的革命家",还是"有思想的学问家"①,你都不能不承认,章太炎(1868—1936)是晚清最特立独行、也最丰富多彩的人物。如此江山,如此人物,奔走四方提倡革命之余,还留下众多激扬文字及专深著述。只是时过境迁,当初"真是所向披靡,令人神旺"的"战斗的文章",今日已不太为人关注;那刊落"驳难攻讦"之作,自以为足以"昭示后世"的《章氏丛书》②,也不见得有多少真正的读者。留在世人记忆里,更多的是太炎先生的逸事与隽语③,比如"以大勋章作扇坠,临总统府之门,大诟袁世凯的包藏祸心",或者"独有兄弟却承认我是疯癫,我是有神经病",因"古来有大学问成大事业的,必得有神经病,方能做到"④。

对于著名学者来说,有众多"逸事"、"隽语"以供流传,真说不清到底是好事还是坏事。因这既使得其声名远扬,又妨碍其著述被认真阅读。知其名却不读其书,对于学者来说,近乎买椟还珠。读其著述,而后观其逸行,品其清言,这才是"欣赏"学者的最佳途径——即便对于章太炎这样有显赫事功的民国元勋,也不例外。

谈论章太炎的专业著述,世人多以 1900 年初刊本《訄书》为代表,因其出版在先;而我则更喜欢 1910 年刊行的《国故论衡》,因其更能代表太炎先生的学术风貌。

一、学术史家的自我定位

善读书者,无不注重"辨章学术,考镜源流"(章学诚《校雠通义》),这点古今中外几无例外。太炎先生的特出之处在于,不满足于对具体学者、著述或思潮的考辨,而是"全史在胸",借助旧学新知的融会贯通,透视三千年中国学术流变,并试图为现代中国学术建立牢靠的根基。如此强烈的学术史意识,虽未催生贯通古今的通史,却也为后来者开无数法门。这一点,思想史家侯外庐有言在先。在《中国近代思想学说史》中,侯称章为"中国学术史的第一次尝试者":

他关于周秦诸子,两汉经师,五朝玄学,隋唐佛学,宋明理学,清代学术,都有详论,即从他的著作中整理一部"太炎的中国学术史论",亦颇有意义。实在讲来,他是中国近代第一位有系统地尝试研究学术史的学者,皮锡瑞的《经学历史》,虽以近代早期的学术史概论出现,而内容上则远不及太炎的见识,可惜他没有自己把这一问题的材料编著起来,使后来治学术史的人剽窃其余义,多难发觉。⑤

经学史家周予同大概也可以认同这一说法,因其在《中国经学史讲义》中,曾专门提及章太炎的《检论》和《国故论衡》:"这两种著作,是中国学术批判史。"⑥

说章太炎是最早"尝试研究学术史的学者",这没问题;但要说"第一位",则很可能不无争议。因为,如果强调著述之"有系统",则梁启超1902年在《新民丛报》上连载的《论中国学术思想变迁之大势》,其整体框架、理论术语以及论述线索,比刊刻于1900年的《訄书》更接近现代意义上的"学术史"。其实,是否"系统",谁人"第一",并非关键所在;最要紧的是,太炎先生关于五朝玄学或清代学术的诸多论述,至今仍被研究者奉为圭臬,可见其著述生命力之长远。

我想追问的是,如此目光如炬的学术史家,如何看待自家的写作?对学术史人物的褒贬,与对自家专业著述的抑扬,二者即便不说互为表里,起码也颇多内在联系。那么,就让我们借助作为学术史家的太炎先生之自我定位,来凸显《国故论衡》的意义。

1915 年 12 月 23 日,时被袁世凯幽禁于北京钱粮胡同寓所的章太炎,给女婿龚宝铨写信,嘱其将《章氏丛书》交浙江图书馆木刻刊行。信中有这么一句:

> 《国故论衡》原稿亦当取回存杭,此书之作,较陈兰甫《东塾读书记》过之十倍,必有知者,不烦自诩也。[7]

将自家著述与清人陈澧的《东塾读书记》相比拟,而且自认更胜一筹,并非一时意气。在《自述学术次第》中,太炎先生提及当初之发奋著述,乃有感于“汪容甫略推墨学,晚有陈兰甫始略次诸子异言,而粗末亦已甚”;正是意识到“此皆学术缺陷之大端”,方才起而“补前人所未举”:

> 余所撰著,若《文始》、《新方言》、《齐物论释》及《国故论衡》中

《明见》、《原名》、《辨性》诸篇，皆积年讨论，以补前人所未举。其他欲作《检论》明之（旧著《訄书》，多未尽理，欲定名为《检论》，多所更张）。⑧

至于1928年成稿的《自定年谱》，在宣统二年（1910年）条则有云：

> 自三十九岁亡命日本，提奖光复，未尝废学。……先后成《小学答问》、《新方言》、《文始》三书，又为《国故论衡》、《齐物论释》，《訄书》亦多所修治矣。

如果说私人通信受具体事宜的制约，有可能思虑未周；《自定年谱》和《自述学术次第》则是很严肃的著述，起码体现太炎本人的"自我定位"——尤其是在学术史方面。

辛亥革命胜利后，章氏弟子大举入京，占据北大讲坛；再加上太炎先生本人"时危挺剑入长安"（《无题》四首之一），先在化石桥共和党本部讲授国学，后又因反袁被囚禁，使其声望如日中天，北大学生更是以阅读《国故论衡》为荣。据顾颉刚称，当初因国文教师、文字学教师等都是章氏弟子，再加上当面听过太炎先生演讲，得到一回切实的指导，"因此，我自己规定了八种书，依了次序，按日圈点诵读"⑨。而比顾低两级、1915 年进入北大预科的陶希圣，那时也在教师指导下重点阅读八部书(外加司马谈的《论六家要旨》)。顾、陶二君所开列书目，重叠部分有《文心雕龙》、《史通》、《文史通义》、《国故论衡》四种。据陶君回忆，是国文教师沈尹默"叫我们买太炎先生的《国故论衡》读习"的。当时北大文科教师之所以着力推荐《国故论衡》，我想并不全是学派之争或师生之谊，其中也包括此书"确能将中国文史之学的源流及其演变，摆在读者面前"⑩。

随着五四新文化运动的迅速推进，西学大潮汹涌澎湃，引领中国学界风骚的，一转而为胡适为代表的留学生。至于章太炎等博雅的晚清学人，则逐渐退居二线。但这不等于说，章太炎在思想文化领域的影响力从此消失。或许，就像毛子水在追忆傅斯年时所说的，只因当初十分崇拜，用力较深，知其利也知其弊，日后提及时反而可能出言不逊⑪。辨析那些自以为彻底告别《国故论衡》的青年才俊，我们依然能够在其蹒跚学步的足迹中，发现章太炎潜移默化的影响⑫。

二、"精心结构"的"著作"

民国初年，北大教授为何极力向学生推荐《国故论衡》，而不是太炎先生同样精深的其他著述——比如"可谓一字千金矣"的《文始》和《齐物论释》⑬？道理很简单，就因为前者更能完整体现太炎先生的学术风貌，也更适合于刚入门的大学生阅读。1910年初刊行于日本的《国故论衡》，共分三卷，上卷小学十篇，中卷文学七篇，下卷诸子学九篇，合起来，恰好涵盖其时"国学研究"的各主要领域。此前出版的《訄书》、《文始》固然精深，但论述范围相对狭小；日后问世的《国学概论》、《国学讲演录》包罗更广，可又属于通俗讲演。直到现在，如果要挑一本既精且广、能大致体现章氏学术创见的著述，非《国故论衡》莫属。

《国故论衡》虽然也是各章独立撰写，而后才结集出版，但最后凝集而成这上中下三卷，还是显得很有条理。正是这种各文之间互相呼应，以及全书的结构完整，引起胡适的极大兴趣。因为，在胡适看来，中国学者擅长局部的专深研究，但缺乏系统的眼光以及融会贯通的愿望。在《中国哲学史大纲》第一章"导言"中，胡适提到整理史料的方法有三：在"校勘"、"训诂"之外，还得加上至关重要的"贯通"。通过对具体著述的阐释与贯通，"寻出一个脉络条理，演成一家有头绪有条理的学说"，这不只牵涉阅读眼光，更是把握全局的结构意识。正是在这一点上，胡适敏感地意识到，章太炎已经走出了清学的藩篱：

　　清代的汉学家,最精校勘训诂,但多不肯做贯通的功夫,故流于支离碎琐。校勘训诂的工夫,到了孙诒让的《墨子间诂》,可谓最完备了,但终不能贯通全书,述墨学的大恉。到章太炎方才于校勘训诂的诸子学之外,别出一种有条理系统的诸子学。太炎的《原道》《原名》《明见》《原墨》《订孔》《原法》《齐物论释》,都属于贯通的一类。《原名》《明见》《齐物论释》三篇,更为空前的著作。⑭

适之先生评价著作,不管"文学"还是"学术",都特别看重"结构"(此外还有"方法")。这一独特的眼光,有其利也有其弊⑮。在留学期间所撰《诸子不出于王官论》中,胡适已经指出"太炎先生《国故论衡》之论诸子学,其精辟远过《诸子学略说》矣"⑯;上述引文更是通过"剪辑",强调太炎先生对于九流十家均有专深研究。除单独刊行的《齐物论释》外,前三篇取自《国故论衡》,后三篇来自《检论》,合起来,确实显得很有条理与系统。如此表彰章氏,很可能直接启发了日后侯外庐的论述,后者将"别出一种有条理系统的诸子学",扩展为"有系统地尝试研究学术史"。

　　突出表彰章太炎著述时之能"贯通"以及"有条理系统",基于胡适的一个基本判断,即中国学者不太擅长需要"精心结构"的

"著作"。在《五十年来中国之文学》中，胡适如此评述太炎先生的贡献：

> 这五十年中著书的人没有一个像他那样精心结构的；不但这五十年，其实我们可以说这两千年中只有七八部精心结构，可以称做"著作"的书，——如《文心雕龙》、《史通》、《文史通义》等，——其余的只是结集，只是语录，只是稿本，但不是著作。章炳麟的《国故论衡》要算是这七八部之中的一部了。[⑰]

就在这篇四万多字的长文完稿一个多月后，胡适在日记中重提"中国很少精心结构而有系统的著作"，不过这回评价标准略为放宽，中国历史上可称为"著作"的，增加到四十多种，其中近人的著述，包括《今古学考》、《新学伪经考》、《孔子改制考》、《仁学》、《訄书》、《国故论衡》、《文始》等（最后两种加了着重号）[⑱]。

清儒做学问，为了"长驱直入"，往往采取"攻其一点，不及其余"的策略；章太炎追求融会贯通，不能不转益多师，也不能不面临更多方面的挑战。也许正是意识到这一点，为推介《国故论衡》，某知音专门撰写了一则很有气魄的广告：

此书为余杭章先生近与同人讨论旧文而作,分小学、文学、诸子学二十六篇。叙书契之原流,启声音之秘奥,阐周秦诸子之微言,述魏晋以来文体之蕃变,凡七万余言。昔章氏《文史通义》括囊大典,而不达短书小说不与邦典。王氏《经义述闻》甄明词例,而未辨俪语属词古今有异。陈氏《东塾读书记》粗叙九流,而语皆钞撮,无所启发。段氏《说文解字注》始明转注,孔氏《诗声类》肇起对转,而段误谓转注、假借不关造字,孔氏知声有正变,通转甚繁。先生精心辩秩,一切证定。口授既毕,爰著纸素。同人传钞,惧其所及未广,因最录成袠,以公诸世。有志古学者,循此以求问学之涂,窥文章之府,庶免摛埴冥行之误,亦知修辞立诚之道。为益宏多,岂待问哉!今已出版,每册定价日币七十钱(合洋八角)。[19]

以有清一代诸多学有专长的名家,如章学诚(1738—1801)、王引之(1766—1834)、陈澧(1810—1882)、段玉裁(1735—1815)、孔广森(1752—1786)等,来作为太炎先生的陪衬,无非是想强调《国故论衡》乃“集大成”之作。而“叙书契之原流,启声音之秘奥,阐周秦诸子之微言,述魏晋以来文体之蕃变”四句,相当准确地道出了此书的主要观点及基本特色——《国粹学报》上这则广告的作者,目前无法考定,但当为熟悉太炎先生思路者无疑。

其实，单以清学作为参照系，无法说清章太炎所凭借的学术资源，以及可能的发展方向。这一点，同属弄潮儿的梁启超看得非常清楚。在《清代学术概论》第二十八章中，梁启超既指出"少受学於俞樾"，以及"中年以后究心佛典"对章太炎学术道路的牵引与制约，但更强调其"既亡命日本，涉猎西籍，以新知附益旧学，日益闳肆"。因此，所谓"能为正统派大张其军"的章太炎，真正的学术业绩还在于其"中岁以后所得，固非清学所能限矣，其影响于近年来学界者亦至巨"[20]。

面对"三千年未有之大变局"，既不崇洋，也不泥古，而是"以新知附益旧学"，并借以收拾被欧风美雨敲打得七零八落的民族自信，重新构建起既基于传统而又广泛采纳西学的学术大厦，章太炎这一悲壮的努力，永远值得后人追怀。

三、在"管籥"与"堂奥"之间

太炎先生论学，门户之见非常明显。不说因一时政见歧异而攻击孙中山，或者因学派冲突而谩骂龚自珍、康有为，即便在没有直接利害冲突的领域，也常见其"意气用事"。比如笃信正史，反对学界"欲穿地以求石史"，称此乃"惑于西方之说"[21]；以及认定"别国人到底不明白我国的学问"，用刻薄的语调嘲笑林泰辅等日本著名汉学家[22]。类似的偏激言论,大都是在张扬中国文化价值的同时,流露出一种"爱国的自大"。不过,真正让太炎先生蒙受"恶名"的,并非那些近乎儿戏的"酷评",而是《国故论衡》上卷《理惑论》之嘲笑甲骨文——因此乃太炎先生的专业,必须认真对待。一句"骸骨入土,未有千年不坏",由此断定甲骨文乃不法商贾伪造,实在是过于草率。

此类明显的过失,固然与其高傲的个性,峻急的文风,还有喜欢语出惊人的表达习惯有关,但最重要的,还是基于其特立独行的学术品格。认准"中国之学,其失不在支离,而在汗漫",章太炎于是极力诋毁近世学人之貌似博学与公允,实则无卓识,难自立[23]。承袭先秦学者遗风,突出自家学说,"小有异同,便不相附",此等学术性格,自是得失互见。倘做长时段考察,学者的短处其实可以忽略(即便笑话多多),关键看其对于中国学术有无实质性的贡献。

关于章太炎的业绩,其弟子周作人有一总体判断:"我以为章太炎先生对于中国的贡献,还是以文字音韵学的成绩为最大,超过一切之上的。"[24]这一说法,在诸多专门家的论述中可以得到印证。先是梁启超在《清代学术概论》第二十八章中称:

其治小学,以音韵为骨干,谓文字先有声然后有形,字之创造及其孳乳,皆以音衍。所著《文始》及《国故论衡》中论文字音韵诸篇,其精义多乾嘉诸老所未发明;应用正统派之研究法,而廓大其内容延辟其新径,实炳麟一大成功也。㉕

后又有不少学者在相关著述中,肯定太炎先生的文字音韵之学。这其间,我最为关注的,还是语言学界的意见。四年前出版的《二十世纪的中国语言学》,集合当代中国众多优秀的语言学家,进行学术史回顾。涉及汉语音韵学、训诂学、文字学之研究史的前三章,无一例外,都大力肯定章氏的贡献。如唐作藩等称:"章、黄被认为是清代乾嘉以来小学的继承者和集大成者,他们对古音研究都有重要贡献";何九盈称:"章氏艰苦卓绝,以振兴国学为己任;在研究西方思潮,包括语言学知识方面也很下过工夫";裘锡圭等称:"章氏的理论和实践都证明他已经有了比较明确的语言学思想。他提出'语言文字之学'这一名称,标志着中国现代语言学的发端"㉖。尽管接下来的,很可能是严苛的批评,但章氏学说的枢纽作用,却无人否认。

史家钱穆提醒我们,在表彰章氏"音韵小学尤称度越前人"时,必须明白:"然此特经生之专业,殊不足以尽太炎。"㉗在钱穆看来,"太炎学之精神,其在史学乎";而我则认为,将语言研究与哲学分析相勾连,方才是"太炎学"最让人着迷之处。这一点,章氏本人其实早已做了预告。1909 年的《致国粹学报社书》上,有这么一段自我表白:

> 弟近所与学子讨论者,以音韵训诂为基,以周、秦诸子为极,外亦兼讲释典。盖学问以语言为本质,故音韵训诂,其管籥也;以真理为归宿,故周、秦诸子,其堂奥也。㉓

单纯的小学研究或诸子学研究,均未尽太炎学说精妙处。正是这种兼及"管籥"与"堂奥","实"、"虚"结合,最能体现章氏治学的特色。而这,恰好落实在《国故论衡》的上卷与下卷。

这种以语言为根基、以诸子为目标的研究策略,使其下卷《原道》、《原名》、《明见》、《辨性》等文异彩纷呈,得到当时及后世诸多哲学家的一致赞许。如梁启超称:

> 章太炎炳麟《国故论衡》中有《原名》、《明见》诸篇始引西方名学及心理学解《墨经》。其精绝处往往惊心动魄。㉔

而贺麟在《五十年来的中国哲学》中,也有类似的论述:

在他的《国故论衡》中有《明见》一篇,最富哲学识度,又有《原道》三篇,最能道出道家的长处,而根据许多史实,指出道家较儒家在中国政治史上有较大较好的贡献,尤值得注意。[30]

如果再添上前面已经征引过的太炎先生《自述学术次第》和胡适的《中国哲学史大纲》第一章,你会发现,对于《国故论衡》的褒扬,大都集中在这几篇极具洞见的"诸子学"论述。

为什么大家不约而同地表扬这几篇论说？侯外庐的阐释值得注意。在《中国近代启蒙思想史》中,侯氏将《国故论衡》上卷的《语言缘起说》和下卷的《原名》相勾连,强调"太炎综合东西名学而作《原名》,和文字学的研究融合而成为一种'以分析名相始'的朴学,亦他所谓近代的科学所趋"[31]。此处提及的"以分析名相始",以及侯书下一章讨论的"以排遣名相终",均出自章氏《菿汉微言》结尾处的自道甘苦[32]。贺麟同样引述了这段话,然后有如下精彩的发挥:

现代西方哲学,大部分陷于支离繁琐之分析名相。能由分析名相而进于排遣名相的哲学家,除怀特海教授外,余不多觏。至转俗成真,回真向俗,俨然柏拉图"洞喻"中所述的哲学家胸襟。

足见章氏实达到相当圆融超迈的境界。③

这里所说的"相当圆融超迈的境界",包括章太炎整个学术历程;但借用来评价其代表作《国故论衡》,我以为同样合适。

四、"文实闳雅"的著述

在坚实的"小学"与幽深的"诸子学"之间,还有作为过渡形态的中卷"文学"。如果说太炎先生的小学、文学与诸子学之间,有什么共同特点,或内在联系,那便是对于"名学"的倚重。对此,梁启超、胡适等人早有发现,但主要从章氏的小学及诸子学立论,这里希望兼及其文学。所谓"凡立论欲其本名家,不欲其本纵横"(《国故论衡·论式》),太炎先生的这一著名论断,既是文学史论,也是自家创作谈。

章氏为文,不追求意兴遄飞,文采风流,更不喜欢游谈恣肆,心矜气浮,其刻意表彰及摹仿的,是魏晋之文。太炎先生的表彰魏晋文章,最著名的莫过于《国故论衡·论式》中的两段话:

魏晋之文,大体皆埤于汉,独持论仿佛晚周。气体虽异,要其守己有度,伐人有序,和理在中,孚尹旁达,可以为百世师矣。

在章氏看来，汉文、唐文各有所长，也各有所短，"有其利无其病者，莫若魏晋"。魏晋文之所以值得格外推崇，因其长于持论：

> 夫持论之难，不在出入风议，臧否人群，独持理议礼为剧。出入风议，臧否人群，文士所优为也；持理议礼，非擅其学莫能至。

在《通程》中，章氏表达了大致相同的意见："魏晋间，知玄理者甚众。及唐，务好文辞，而微言几绝矣。"㉝而在众多清峻通脱、华丽壮大的魏晋文章中，太炎先生对嵇、阮大有好感："嵇康、阮籍之伦，极于非尧、舜，薄汤、武，载其厌世，至导引求神仙，而皆崇法老庄，玄言自此作矣。"㉟

太炎先生之论文，既反流俗之推崇先秦文章或唐宋八大家，也不认同所谓骈文正宗，而是强调六朝确有好文章，但并非世代传诵的任、沈或徐、庾，而是此前不以文名的王弼、裴頠、范缜等。1922年，章太炎在上海作系列演讲，论及"文章之派别"时，赞扬晋文华妙清妍，舒卷自如，平易而有风致。至任昉、沈约，"每况斯下"；到了徐陵、庾信，"气象更是不雅淡了"。"至当时不以文名而文极佳的，如著《崇有论》的裴頠，著《神灭论》的范缜等；更如孔琳（宋）、萧子良（齐）、袁翻（北魏）的奏疏，干宝、袁宏、孙盛、习凿齿、范晔的史论,我们实在景仰得很。"⑯ 如此立说,整个颠覆了传统学界对于"八代之文"的想象。章氏这一惊世骇俗的高论,乃长期酝酿,且渊源有自。早在1910年的《国故论衡·论式》中,章氏便如此谈论六朝文:

> 近世或欲上法六代,然上不窥六代学术之本,惟欲厉其末流。……余以为持诵《文选》,不如取《三国志》《晋书》《宋书》《弘明集》《通典》观之,纵不能上窥九流,犹胜于滑泽者。

在章氏看来,文章的好坏,关键在于"必先豫之以学"。深深吸引太炎先生的,首先是六朝学术(或曰"魏晋玄理"),而后才是六朝文章(或曰"魏晋玄文")。太炎先生一反旧说,高度评价魏晋玄言,称六朝人学问好,人品好⑰,性情好,文章自然也好——如此褒扬六朝,非往日汲汲于捍卫骈文者所能想象。直到晚年讲学苏州,太炎先生仍坚持其对于魏晋六朝文的独特发现。而这一发现,经由周氏兄弟的引申与转化,成为二十世纪中国散文的一大景观⑱。

在《自述学术次第》中,太炎先生自称先慕韩愈为文奥衍不驯,后学汪中、李兆洛,及至诵读魏晋文章并宗师法相,方才领略谈玄论政舒卷自如的文章之美，逐渐超越追踪秦汉文的唐宋八大家以及追踪唐宋文的桐城派，又与汪、李等追慕六朝藻丽俳语的骈文家拉开了距离，形成兼及清远与风骨的自家面貌。而《太炎先生自定年谱》"光绪二十八年（1902 年）三十五岁"则，有这么一段话，可与上述总结互相呼应：

> 初为文辞，刻意追蹑秦汉，然正得唐文意度。虽精治《通典》，以所录议礼之文为至，然未能学也。及是，知东京文学不可薄，而崔实、仲长统尤善。既复综核名理，乃悟三国两晋文诚有秦汉所未逮者，于是文章渐变。[39]

这段"文章渐变"的自述，主要针对的是《訄书》的文体探索；可真正称得上"清远本之吴、魏，风骨兼存周、汉"[40] 的，起码应包括日后刊行的《国故论衡》。

1909 年，针对上海有人"定近世文人笔语为五十家"，将章太炎与谭嗣同、黄遵宪、王闿运、康有为等一并列入，章大为不满，在《与邓实书》中，除逐一褒贬谭、黄、王、康的学问与文章外，更直截了当地表述了自家的文章理想：发表在《民报》上并广获好评的"论事数首"，不值得推崇，因其浅露粗俗，"无当于文苑"；反而是那些诘屈聱牙、深奥隐晦的学术著作如《訄书》等，"博而有约，文不奄质"，方才真正当得起"文章"二字[41]。照章氏的说法，自家所撰"文实闳雅"的，除了《訄书》，还有箧中所藏的数十首。这数十首，应该就是第二年结集出版的《国故论衡》。

对于《国故论衡》，胡适除表彰其"精心结构"外，还称书中各章"皆有文学的意味，是古文学里上品的文章"[42]。我很欣赏适之先生的这一看法，不过，作为文章，我更看好《论式》《原学》，而不是适之先生推荐的《明解故上》和《语言缘起说》等。另外，胡适称章氏文章"是古文学的上等作品"，其实暗含讥讽，即"他的成绩只够替古文学做一个很光荣的下场"。可是，有周氏兄弟的显赫成绩，起码薪火相传；如果再考虑到众多学者的趣味，所谓太炎文章"及身而绝"的断言，其实大可商榷。

1960年5月，钱穆给时正负笈哈佛的得意门生余英时写信，畅谈述学文字，对王国维、陈寅恪颇多非议，而极力表彰的是太炎先生：

> 鄙意论学文字极宜着意修饰，近人论学，专就文辞论，章太炎最有轨辙，言无虚发，绝不支蔓，但坦然直下，不故意曲折摇曳，除其多用僻字古字外，章氏文体最当效法，可为论学文之正宗。[43]

至于文学史家程千帆,早年曾将《国故论衡·文学总略》作为大学中文系教材,用以"论文学之界说"[44]。晚年说起"别是一家"的述学之文,程先生极力推崇《五朝学》,称这才是"好文章,大文章"[45]。

五、本书体例

《国故论衡》甫一刊行,章太炎参与编辑的《教育今语杂志》上,便登出两则不太一致的广告。刊于第一册上的广告称:"本书分小学、文学、诸子学三类,用讲义体裁,解说简明,学理湛深,诚研究国学者所不可不读也。"而在第三册上,广告的内容发生变化,不再强调"讲义体裁",而是"本在学会口说,次为文辞"。后者的说法较为准确,《国故论衡》并非哪次集会或某个课堂上的"讲义",但又跟太炎先生在日期间的讲学活动多有关联。

说到章太炎流亡日本期间的"提奖光复,未尝废学",着实令人感动。借助鲁迅、周作人、许寿裳、任鸿隽等昔日学生的生花妙笔,太炎先生的东京讲学,早已在中国学界广为传诵。这倒提醒我们,阅读《国故论衡》,必须将章氏流亡日本时的革命活动、心理状态、文化情怀、自我期待,以及政治与学术间"剪不断理还乱"的纠葛,全都考虑在内。不只收录在《民报》上的政治论战,《国粹学报》上的学术探求，还有《教育今语杂志》上的通俗读物（后集合而成《章太炎的白话文》一书[46]），都值得互相参照。

也正因为如此，此次重刊，选择的是 1910 年刊行于日本东京的初版本，而非日后经作者本人订正的上海右文社或浙江图书馆版。在我看来，初版本的《国故论衡》，不只具有学术史的价值，更有思想史的意义，因而更值得珍视。

1910 年日本刊行的初版本，封面篆书"国故论衡"四字，扉页书名乃作者自署。接下来是目录和正文，每文篇首有"小学略说　国故论衡上　章氏学"等，书眉则是"国上　小学略说"等。全书共 216 页，铅字排印。版权页署：庚戌年五月朔日出版，定价日币七十钱，版权所有者国学讲习会，印刷者秀光舍。此书的第二、三版分别于 1912 年 12 月和 1913 年 4 月由上海大共和日报馆印行，封面及正文完全相同，变更的只是版权页，包括更改定价为银圆壹圆，以及标明"著作者章炳麟"。

1915 年上海右文社铅印本《章氏丛书》中的《国故论衡》，删去《古今音损益说》，增《音理论》和《二十三部音准》，各文多有修正。1919 年浙江图书馆木刻刊行的《章氏丛书》，其《国故论衡》篇目一如上海右文版，文字有校订。此后，读者一般选择修订本，初版不再重印。

我所见到的第五版(实则第五次印刷),乃 1977 年 7 月台北的广文书局所印。台北版删去了封面上的篆书,改为印刷体,大概是怕读者认不得。正文部分没有改动,版式照旧,只是删去书眉"国上 小学略说"中的"国"字。另外,参照上海右文社版,在书前加上了黄侃的《国故论衡赞》。

此次改为简体横排,采用的是初版本,但同样添上黄侃的《国故论衡赞》。原书有句读,修订本为求古雅,方才删去。此次按现行标点符号规定重新整理时,尽量尊重原作者的写作习惯。个别明显错漏的字句,或标拟改,或出校记。

此书校点本曾收入我编校的《中国现代学术经典·章太炎卷》(河北教育出版社,1996 年)。此次重排,承蒙北京大学中文系张渭毅、王枫、陈泳超三位青年教师,又代为校勘一遍,改正了若干错漏,特此致谢。

2002 年 8 月 25 日于京北西三旗

① 参见拙文《有思想的学问家》,《文学自由谈》1992 年 2 期,后收入《书生意气》,上海:汉语大词典出版社,1996 年。
② 参见鲁迅《关于太炎先生二三事》,《鲁迅全集》第 6 卷 545—547 页,北

京：人民文学出版社，1981年。

③ 这方面的资料很多，可参见陈平原等编《追忆章太炎》，北京：中国广播电视出版社，1997年。

④ 参见鲁迅《关于太炎先生二三事》及太炎《演说录》（《民报》第6号，1906年7月）。

⑤ 参见侯外庐《中国近代思想学说史》（上海：生活书店，1947年）下卷"章太炎的科学成就及其对于公羊学派的批判"章。此书下卷修订为《中国近代启蒙思想史》（北京：人民出版社，1993年），关于章太炎的评价一仍其旧，参见修订本181页。

⑥ 参见《周予同经学史论著选集》（增订本）912页，上海人民出版社，1996年。

⑦ 章太炎：《致龚未生书十五》，转录自汤志钧《章太炎年谱长编》509页，北京：中华书局，1979年。

⑧ 章太炎：《自述学术次第》，陈平原编校《中国现代学术经典·章太炎卷》655页，石家庄：河北教育出版社，1996年。

⑨ 参见顾颉刚《古史辨第一册自序》（《古史辨》第一册，上海古籍出版社，1982年）和顾潮《顾颉刚年谱》36页（北京：中国社会科学出版社，1993年）。

⑩ 参见陶希圣《北京大学预科》，陈平原、夏晓虹编《北大旧事》188—195页，北京：三联书店，1998年。

⑪ 毛子水《傅孟真先生传略》（《傅故校长哀挽录》1—3页，台湾大学，1950年）中有一段很精彩的分析，值得引录："当时北京大学文史科学生读书的风气，受章太炎先生学说的影响很大。傅先生最初亦是崇信章氏的一人。终因资信卓荦，不久就冲出章氏的樊篱；到后来提到章氏，有时不免有轻蔑的语气。与其说这是章负启蒙的恩德，毋宁说这是因为对于那种学派用力较深，所以对那种学派的弊病也看得清楚些，遂至

憎恶也较深。"

⑫ 参见拙文《失落在异邦的"国故"》,《读书》2002 年 6 期。

⑬ 参见章太炎《自述学术次第》,《中国现代学术经典·章太炎卷》642 页。

⑭ 胡适:《中国哲学史大纲》30 页,上海:商务印书馆,1919 年。

⑮ 参见拙文《胡适的述学文体》,《学术月刊》2002 年 7、8 期。

⑯ 胡适:《诸子不出于王官论》,《太平洋》1 卷 7 号,1917 年 10 月。

⑰《五十年来中国之文学》,《胡适古典文学研究论集》123 页,上海古籍出版社,1988 年。

⑱ 参见《胡适的日记》331—333 页,北京:中华书局,1985 年。

⑲《〈国故论衡〉出版广告》,《国粹学报》第 6 年 4 号,1910 年 5 月。

⑳ 梁启超:《清代学术概论》,夏晓虹编校《中国现代学术经典·梁启超卷》203—204 页,石家庄:河北教育出版社,1996 年。

㉑《信史上》,《章太炎全集》第 4 卷 62 页,上海人民出版社,1985 年。

㉒ 参见《与罗振玉书》,《章太炎全集》第 4 卷 171—172 页;《教育的根本要从自国自心发出来》,《章太炎的白话文》88—99 页,贵阳:贵州教育出版社,2001 年。

㉓ 参见章绛《诸子学略说》,《国粹学报》第 2 年 8、9 号,1906 年 9、10 月;拙文《自立门户与径行独往》,《读书》1992 年 5 期。

㉔《周作人回忆录》205 页,长沙:湖南人民出版社,1982 年。

㉕ 梁启超:《清代学术概论》,《中国现代学术经典·梁启超卷》203 页。

㉖ 参见刘坚主编《二十世纪的中国语言学》7 页、55 页、92 页,北京大学出版社,1998 年。

㉗ 钱穆:《余杭章氏学别记》,《章太炎生平与学术》25 页,北京:三联书店,1988 年。

㉘ 章太炎:《致国粹学报社书》,《国粹学报》第 5 年 10 号,1909 年 11 月。

㉙ 梁启超:《中国近三百年学术史》,朱维铮校注《梁启超论清学史二种》

361 页,上海:复旦大学出版社,1985 年。

㉚ 贺麟:《五十年来的中国哲学》5 页,沈阳:辽宁教育出版社,1989 年。

㉛ 参见侯外庐《中国近代启蒙思想史》175—176 页,北京:人民出版社,1993 年。

㉜ 参见《菿汉微言结语》,《中国现代学术经典·章太炎卷》639—641 页。

㉝ 贺麟:《五十年来的中国哲学》7 页。

㉞《检论·通程》,《章太炎全集》第 3 卷 453 页,上海人民出版社,1984 年。

㉟《訄书·学变》,《章太炎全集》第 3 卷 145 页。

㊱ 章太炎主讲、曹聚仁记述:《国学概论》85—86 页,香港:学林书店,1971 年港新六版。

㊲ 章太炎《五朝学》(《章太炎全集》第 4 卷 73—77 页)中有云:"夫经莫穷乎《礼》、《乐》,政莫要乎律令,技莫微乎算术,形莫急乎药石。五朝诸名士皆综之。其言循虚,其艺控实,故可贵也。凡为玄学,必要之以名,格之以分;而六艺方技者,亦要之以名,格之以分。……五朝有玄学,知与恬交相养,而和理出其性。故骄淫息乎上,躁竞弭乎下。……五朝士大夫,孝友醇素,隐不以求公车征聘,仕不以名势相援为朋党,贤于季汉,过唐、宋、明益无訾。"

㊳ 参见拙著《中国现代学术之建立》第八章《现代中国的"魏晋风度"与"六朝散文"》,北京大学出版社,1998 年。

㊴《太炎先生自定年谱》第 9 页,《章太炎先生自定年谱》,上海书店影印,1986 年。

㊵ 章太炎:《自述学术次第》,《中国现代学术经典·章太炎卷》648 页。

㊶ 参见《与邓实书》,《章太炎全集》第 4 卷 169—170 页。

㊷《五十年来中国之文学》,《胡适古典文学研究论集》123—126 页。

㊸《钱宾四先生论学书简》,见余英时著《犹记风吹水上鳞——钱穆与现

代中国学术》之"附录",台北：三民书局，1991 年。

④ 参见《文论要诠》第一章，上海：开明书店，1948 年。此书 1983 年由黑龙江人民出版社重刊时，改题《文论十笺》；1996 年辽宁古籍出版社刊行《程千帆选集》，收程著七种，此书作为第二种收入上卷。

⑤ 1997 年初秋，我乘赴上海讲学之机，转道南京，拜谒程先生。谈及现在的学生不太会写论文，我说起计划编一册二十世纪中国文史学者的文集，以供研究生参考，而选择的标准是"文"、"学"并重。程先生对此设想十分赞赏，一再叮嘱，若编纂，非选入章太炎的《五朝学》不可。记得当时先生谈锋甚健，兴致也很高，连声说：那才叫好文章，大文章。

⑥ 2001 年贵州教育出版社重刊本《章太炎的白话文》前面，有我所撰长篇"导读"，题为《学问该如何表述》，其中第二节"令人神往的'提奖光复，未尝废学'"和第三节"深思独得与有感而发"可参阅。

国故论衡 |

章太炎　撰

《国故论衡》赞

黄　侃

　　夫学者多贵古而贱今，谈者有废视而任听，先民已病其然，况复学术衰息之世哉！今朴学者所至，惠、戴、钱、段也；玄学者所至，二程、朱、陆也；文学者所至，汪、李、姚、张也。循兹矩度，可以弗畔。然不窥其取材所由，而徒校其成器所至，守法则易，规始即已难矣。狂狷之伦，或云不阡不陌，不章不句，卒令条理凌乱，文辞破碎，乃愈庫于前也。

　　余杭章先生遭濡首之运，处亢龙之位，闵此国故，蔽于龥愚，讲诵多暇，微言间作。侃以顽质，获侍君子，尝闻文字之本，肇于语言，形体保神，声均是则。晓徵、挈约，独能寻理。若夫探赜索隐，妙达神旨，声有对转，故重文孳多；音无定型，而转注斯起，其犹二君所未逮乎。名言孳乳，各有渊泉。私以苍颉造文，形皆独体,声义递衍,不离其宗,乃得九千余字。然有采音而遗其形,见彼而隐乎此,此精微之独至也。不晓其故,子韶右文,转成支诎。曾因侍论,有所陈献,既见称许,规为《文始》。夫其比合殊文,征之故老,和理内发,符采外章,则必度越数子矣。

又文辞之部,千绪万端,仲任、彦和,独明经略。萧嗣《文选》,上本挚君,盖乃钞选之常科,非尽文辞之封域。伯元所论,涤生所钞,弇侈殊涂,悉违律令。俗师末士,醒醉不分,以所知为秘妙。自非胡辇之器,卓尔之材,其孰不波荡者哉!侃昔属文,颇得统绪,比从师学,转益自信。念文学之敝,悼知者之难,请著篇章,以昭来叶。尔乃顺解旧文,匡词例之失;甄别今古,辨师法之违。持论议礼,尊魏晋之笔;缘情体物,本纵横之家,可谓博文约礼深根宁极者焉。

又诸子之业,兼会精莩。江左区区,玄学未泯。自玄成《治要》,钞疏班志,九流之部,独汰名家。退之粗犷,横以老庄深美之言,下等黄巾祭酒。自尔录略,淆杂无分。故科目作而九流訛,对策盛而玄理紊。宋世高材,独欲修补儒术。周氏始作,犹近巫师,惟彼土苴,非足珍胝。二程廓尔,取资禅录,寻其从迹,未越郭象、皇侃之流;犹复外拒释老,内排荀氏,斯由屈于时会,非其本怀。晚有伯安,自任黠慧,强梁故可以为教父,跛眇故可以任武人,哗噪故可以树朋党。不阅众甫，故不能立主客；不明分理，故不能成家言。比及近世，颜、戴代兴，假令陈于校舍，则材技精妍；施于有政，而民萌忘死，自一时良书也。若其原本情性，推论仁义，肤受不精，弥益湫隘。尔则时有文质，论有屈伸，持为常度，未知其可。夫见古人之大体者，不专于邹、鲁；识形名之取舍者，无间于儒、墨。其惟先生，知以天倪，要之名守，通众家之纷蔽，衡所见之少多；令庖丁废其踌躇，为斫轮言其甘苦。咨可谓制割大理，疏观万物，以浅持博，以一持万者也。

方今华夏雕瘁，国闻沦失，西来殊学，荡灭旧贯。怀古君子，徒用蛊伤，寻其痏残，岂诚无故？老聃有言，物壮则老，是谓不道，不道早已。然则持老不衰者，必复丁乎壮矣；於穆不已者，必自除其道矣。侃幸觏秘书，窃抽微旨，虽牛蹄之涔，匪尽于大海；而洪钟之响，或藉于寸莛。弟子蕲州黄侃。

上卷　小学十篇

小学略说

《地官》保氏教国子以六艺，曰：礼乐射御书数。《七略》列书，名之守于小学。《律历志》曰："数者，一十百千万也，其法在算术。宣于天下，小学是则。"此则书数并称，而礼乐射御阙焉。盖六艺者，习之不一时，行之不一岁，射御非儿童所任。六乐之舞，十三始舞勺，成童舞象，二十而舞大夏。礼亦准是，独书数不出刀笔口耳，按古但有筹算，笔算乃始梵僧，然史赵以亥有二首六身计日，是已有笔算矣。要之书数皆刀笔之事，书兼声韵，亦在口耳。长幼宜之。《说文叙》曰："保氏教国子，先以六书。"明节次最初也，其与九数容得并习。故刘歆言小学，独举书数。若夫理财正辞，百官以治，万民以察，莫大乎文字。自李斯、萧何以降，小学专任八体久矣。

　　《世本》言苍颉作书，司马迁、班固、韦诞、宋忠、傅玄，皆云苍颉为黄帝史官。《说文叙》亦同此说。崔瑗、曹植、蔡邕、索靖以为古之王者。张揖言苍颉为帝王，生于禅通之纪。揖所说盖本慎到，慎到曰：苍颉在庖牺前，皆见《书》正义引。其时代无以明焉。《说文叙》曰："苍颉之初作书，盖依类象形，故谓之文。其后形声相益，即谓之字。文者，物象之本；字者，言孳乳而浸多也。"郑康成注《礼》曰："古曰名，今曰字。"寻讨旧籍，书契称字，虑非始于李斯。何者？人生幼而有名，冠为之字，名字者，一言之殊号，名不可二。孳乳浸多谓之字，足明周世有其称矣。

　　六书之次，《说文叙》曰："一曰指事。指事者，视而可识，察而见意，上下是也。二曰象形。象形者，画成其物，随体诘诎，日月是也。三曰形声。形声者，以事为名，取譬相成，江河是也。四曰会意。会意者，比类合谊，以见指㧑，武信是也。五曰转注。转注者，建类一首，同意相受，考老是也。六曰假借。假借者，本无其字，依声托事，令长是也。"世称异域之文谐声，中国之文象形，此徒明其大校，非复刻定之论。征寻外纪，专任象形者，有西南天教之国。会意一例，域外所无。至于计数之文，始一终九，自印度、罗甸、亚罗比耶，皆为指事。转注、假借，为文字繁省之例，语言变异之端，虽域外不得阙也。假借非谓同音通用，见《转注假借说》。六书所以始指事者，固由夷夏所同，引以居首，若其常行之字，中土不可一用并音，亦诚有以。盖自轩辕以来，经略万里，其音不得不有楚夏，并音之用，只局一方。若令地望相越，音读虽明，语则难晓。今以六书为贯，字各归部，虽北极渔阳，南暨儋耳，吐言难谕，而按字可知，此其所以便也。海西诸国，土本狭小，寻响相投，偷用并音，宜无寋碍。至于印度，地大物博，略与诸夏等夷，言语分为七十余种，而文字犹守并音之律，出疆数武，则笔札不通。梵文废阁，未逾千祀，随俗学人，多莫能晓。所以古史荒昧，都邑殊风。此则并音宜于小国，非大邦便俗之器明矣。汉字自古籀以下，改易殊体，六籍虽遥，文犹可读。古字或以音通借，随世相沿，今之声韵，渐多讹变。由是董理小学，以韵学为候人。譬犹旌旗辨色，钲铙习声，耳目之治，未有不相资者焉。言形体者始《说文》，言故训者始《尔雅》，言音韵者始《声类》。三者偏废，则小学失官。自《声类》而下者，卷轴散亡，今所难理，后出之书，独有《广韵》，则其粲然者矣。

《广韵》者，今韵之宗，其以推迹古音，犹从部次，上考《经典释文》及《一切经音义》，旧音绝响，多在其中。顾炎武为《唐韵正》，始分十部。江永《古韵标准》分十三部。段玉裁《六书音均表》分十七部。孔广森《诗声类》分十八部。王念孙分二十一部。大氐前修未密，后出转精。发明对转，孔氏为胜。若其俊次五音，本之反语，孙炎、韦昭，财有魄兆。旧云双声，《唐韵》云纽，晚世谓之字母。三十六母虽依拟梵书，要以中夏为准。顾氏稽古有余，审音或滞。江氏复过信字母，奉若科律。段孔以降，含隐不言。独钱大昕差次古今，以舌上、轻唇二音，古所无有。然后宫商有准，八风从律。斯则定韵莫察乎孔，审纽莫辩乎钱，虽有损益，百世可知也。

段氏为《说文注》，与桂馥、王筠并列，量其殊胜，固非二家所逮。何者？凡治小学，非专辨章形体，要于推寻故言，得其经脉，不明音韵，不知一字数义所由生。此段氏独以为桀。旁有王氏《广雅疏证》、郝氏《尔雅义疏》，咸与段书相次。郝于声变，犹多亿必之言；段于雅训，又不逮郝。文理密察，王氏为优；然不推《说文》本字，是其瑕适。若乃规摹金石，平秩符玺，此自一家之业，汉之鸿都，鸟篆盈简，曾非小学之事守也。专治许书，窜句增字，中声雅诰，略无旁通，若王筠所为者，又非夫达神旨者也。

盖小学者，国故之本，王教之端，上以推校先典，下以宜民便俗，岂专引笔画篆、缴绕文字而已。苟失其原，巧伪斯甚。昔二徐初治许书，方在草创，曾未百岁，而荆舒《字说》横作，自是小学破坏，言无典常。明末有衡阳王夫之，分文析字，略视荆舒为愈。晚有湘潭王闿运,亦言指事、会意,不关字形。此三王者,异世同术,后虽愈前,乃其刻削文字,不求声音,譬喑聋者之视书,其揆一也。

或言书契因于八卦,水为坎象,巛则坤图。若尔,八卦小成,乾则三画,何故三画不为天字?又言始一终亥,是即归藏。循是以推,韵书始于一东,何知非帝出乎震,为太一下行九宫之法乎?《尔雅》始于初字,初者,裁衣之始,复可云取诸乾坤,垂衣裳而天下治邪!或言文字之始,肇起结绳,一绳萦为数形,一画衍为数字。此又矫诬眩世,持论不根。即如是者,始造一字,继则有二,二必继一,宜在诸文之前,何故重纍成文,不以一画纡诎?且苍颉造文,本象鸟兽蹄远之迹,马蹄而外,宁有指爪不分、独为一注者哉?若斯之徒,妄穿崖穴,务欲胜前,不悟音训相依,妙入无间,先达之所未祛,当推明者尚众,何为亢越兔蹊,自绝大道,斯所谓攻难之士,求名而不得者也。

大凡惑并音多,多谓形体可废,废则言语道窒,而越乡如异国矣。滞形体者,又以声音可遗,遗则形为糟魄,而书契与口语益离矣。余以寡昧,属兹衰乱,悼古义之沦丧,愍民言之未理,故作《文始》以明语原;次《小学答问》以见本字;述《新方言》以一萌俗。简要之义,著在兹编,旧有论纂,亦或入录。若夫阴阳对转,区其弇侈,半齿、弹舌,归之舌头,明一字之有重音,辨转注之系造字,比于故老，盖有讨论修饰之功矣。如谓不然，请俟来哲。

成均图

韵目表

右韵目，上列阳声，下列阴声为对转，其数部同居者同一对转。

纽目表

喉音：见、谿、群、疑

牙音：晓、匣、影喻

舌音：端知、透彻、定澄、泥日娘、来

齿音：照精、穿清、床从、审心、禅邪

唇音：帮非、滂敷、並奉、明微

右纽目，其旁注者，古音所无。

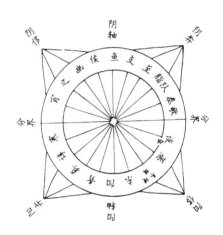

阴弇与阴弇为同列。

阳弇与阳弇为同列。

阴侈与阴侈为同列。

阳侈与阳侈为同列。

凡同列相比为近旁转。

凡同列相远为次旁转。

凡阴阳相对为正对转。

凡自旁转而成对转为次对转。

凡阴声、阳声虽非对转，而以比邻相出入者，为交纽转。

凡隔轴声者不得转；然有间以轴声隔五相转者，为隔越转。

凡近旁转、次旁转、正对转、次对转为正声。

凡交纽转、隔越转为变声。

孔氏《诗声类》列上下两行，为阳声、阴声；其阳声即收鼻音，阴声非收鼻音也。然鼻音有三孔道，其一侈音，印度以西皆以半摩字收之，今为谈、蒸、侵、冬、东诸部，名曰撮唇鼻音；其一弇音，印度以西皆以半那字收之，今为青、真、谆、寒诸部，名曰上舌鼻音；其一轴音，印度以央字收之，不待撮唇上舌，张口气悟，其息自从鼻出，名曰独发鼻音。夫撮唇者使声上扬，上舌者使声下咽，既已乖异；且二者非故鼻音也，以会厌之气，被闭距于唇舌，宛转趋鼻以求渫宣，如河决然。独发鼻音则异是。印度音摩、那皆在体文，而央独在声势，亦其义也。谈、蒸、侵、冬、东诸部，少不审则如阳，然其言之自别。《释名》云："风，沇豫司冀横口合唇言之，风，汜也。""青徐踧口开唇推气言之，风，放也。"放在阳为开唇，风、汜在侵、谈为合唇，区以别矣，焉可怃也？夫阳声弇者，阴声亦弇；阳声侈者，阴声亦侈；阳声轴者，阴声亦轴。是故阴、阳各有弇、侈而分为四，又有中轴而分为六矣。

不悟是者,鼻音九部悉似同呼,不能得其鳃理。今江河之域,撮唇鼻音,收之亦以半那字,惟交广以半摩字收之。此于声音大剂,能条理始终矣。然鱼者闭口之极,阳者开口之极,故阳部与阳侈声、阳弇声皆旁转,阳部转东者,如《老子》以盲、爽、狂与聋为韵,及决瀹音转,伀钟作章,是也;转侵冬者,如《汉书·李广传》:"诸妄校尉",张晏释妄为凡,《说文》训访为泛谋。《释名》训风为放,《易》朋盍臧或为盍簪,或为盍宗,又商转为宋,《周颂》以崇、皇为韵,是也;转蒸者,如扬觚作媵觚,未尝即未曾,又彊通作强,是也;转谈者,如《大雅》以瞻、相为韵,《商颂》以滥、皇为韵,及镜转作鉴,是也;此与阳侈声之转也。转青者,如《礼经》竝亦作併,又将借为请,丁鼎借为当,是也;转真者,如萌、甿、氓即民,榜又称篇,今字扁亦为榜,又楄部训方木,是也;转谆者,如《易传》以炳、君为韵,《尔雅》英光亦作蘪攗,又芳转为芬,防转为坟,是也;转寒者,如磺人作卝人,舜妃女英,《帝系》篇作女匽,《说文》祥读若普,是也;此与阳弇声之转。鱼部与阴侈声、阴弇声皆旁转。鱼部转侯者,如武借为柎,傅借为坿,是也;转幽者,如甫声字为膌,《大雅》以恢韵休、述、忧,是也;转之者,如"民虽靡膴"作"民虽靡腜",又忧愫同训,谟谋同训,是也;转宵者,如"牺牲不略"作"牺牲不劳",古文以臬为泽,又《汉书》暴室亦作薄室,《诗》之暴虎,即为搏虎,是也;此与阴侈声之转也。转支者,如迹籀文作速,狄字今从亦声,圂圈为岂弟,曰圈为曰涕,是也;转至者,如《方言》云:

迹迹，屑屑，不安也，二语相转。劲，毅，黏也，二语相转。《说文》渠蝾，《释虫》作蛄蛴，又拮据为连语。《释诂》劼又训固，《广雅》石训为摘，贾子亦云提石，而摘字自《诗笺》已作掷也；转脂者，如《说文》塯读若细，塯本言谞，故字或作智，假谞为之，而今读若细。又《史记·匈奴列传》黄金胥纰，《汉书》作犀比，《战国策》言师比，是也；转队者，如《说文》蒸训郁，但训拙，又敂造为屈造，《魏略》书徐庶白垩涂面作白垩突面，是也；转泰者，如于越同训，又《释名》称草圆屋曰蒲，即草舍之庋字，是也；转歌者，如帑字小篆作驾，削瓜曰华之，借为执之，又何亦作胡，菱读如诈，是也；此与阴弇声之转也。馀势未已，阳与阳弇声旁转，极于寒矣，又从寒以对转而得泰。如对扬亦作对越，戚扬借为戚戉，是也。阳与阳侈声旁转，极于谈矣，又从谈以对转而得宵。如骍骍牡马，亦作骁骁牡马。又柱转为夭，量转为料，是也。鱼与阴弇声旁转，极于歌矣，又从歌以对转而得寒。如篓或作觚，无作曼，乌读安，拔扈作畔援，魁梧作魁岸，是也。鱼与阴侈声旁转，极于宵矣，又从宵以对转而得谈。如古文扈作岇，从弓声，草木之华为弓，音转为扈为彣。又叙从古声，楷读若芟，是也。夫惟当轴处中，故兼摄弇侈之声，与之交捷。其弇侈者为轴所隔，则交捷之涂绝矣。孔氏所表，以审对转则优，以审旁转则窀。辰、阳鳞次，脂、鱼栉比，由不知有轴音，故使经界华离，首尾横决，其失一也。缉、盍二部，虽与侵、谈有别，然交广人呼之，同是撮唇，不得以入声相格。孔氏以缉、盍为阴声,其失二也。对转之理,有二阴声同对一阳声者,有三阳声同对一阴声者,复有假道旁转以得对转者。此所谓次对转,若东亦与幽对转,是假道于冬侵也。至亦与青对转,是假道于支也。支、脂亦与寒对转,是假道于歌、泰也。之亦与冬、侵、缉对转,是假道于幽也。非若人之处室,妃匹相当而已。孔氏所表,欲以十八部相对,伉敵不踦,有若鱼贯,真、谆二部,势不得不合为一。拘守一理,遂令部曲捉掆,其失三也。今为圜则正之,命曰成均图。成均图者,大司乐掌成均之法,郑司农以均为调,古之言韵曰均,如陶均之圆也。

东、冬旁转,如穷字本在冬部,然《诗》言"不宜空我师",《传》以空为穷。又穷乏、空乏,其义大同,亦语之转也。中字本在冬部,而钟子期亦作中旗;泽字本在冬部,而泽水亦即洪水,是也。东与侵旁转,如含之与容,冢之称琴,是也。凡声之字,风、芃、凤䓁,今皆读入东部。

冬、侵二部同居而旁转,故农字音转则为男,戎字音转则为荏,《释草》戎菽谓之荏菽。临冲作隆冲,隆虑作林虑。缉、侵本可为平入,以三百篇用韵有分,故今亦分为二。若夫及声为今,甚声为斟,厌厌或为愔愔,拾瀋即是拾汁,其相通转,亦最亲也。

冬、蒸旁转,如营本在冬部,或作荣,则读入蒸部。布八十缕为升，本在蒸部，转为缨稷宗，则读入东、冬二部，是也。

侵、蒸旁转，如凤本作朋，在蒸部，小篆从凡声，则入侵部。雍从瘖省声，膺、癔又从雍声，音本在侵部，雍、膺、癔乃入蒸部。冯几字本作凭，凭在侵部，今在蒸部之冯为之，是也。

蒸、谈旁转，如坍字亦转作空，是也。谈亦与东旁转，次旁转。故空又书作封矣。熊从炎声，本在谈部，张升反论，以"鲧化为熊"韵"积灰生蝇"，则读入蒸部。谈、盍二部，其分亦如侵、缉，乃如占、耴二声，常相转变。故拈捄同训，钻钘同训，其相通转，亦最亲也。

东、蒸亦有旁转，如送从倴得声，而《诗》以韵控、丰、巷；囟声之字，乃有曾、层、缯、赠，是也。东、谈亦有旁转，若坎侯即空侯，《史记》书张孟谈、赵谈作张孟同、赵同，是也。冬、谈亦有旁转，如函谷作降谷，郑康成《尚书注》。谵鼎作崇鼎，是也。侵、谈亦有旁转，如函与含，岩与嵒，音义多相通，是也。此皆次旁转也。以上阳侈声旁转。

青、真旁转，如令训为善，本借为灵；又颠之与顶，咽之与嗌，音义相转，亦其例也。

真、谆旁转，如身、侜皆在真部，转谆乃为娠。尹君同声，本在谆部，而《记》言孚尹，则借为浮笋，是又转入真部也。

谆、寒旁转，如堇声在谆部，难、汉等字从之，则入寒部。贯声在寒部，琨之或字从贯作瑻，则入谆部。薀积或作宛积，薦席又为荐席，皆其例也。

青、寒亦有旁转，如萦萦亦作嬛嬛，自营亦作自環，是也。萦萦本作趛趛，则寒、青皆与真相转矣。真、寒亦有旁转，如辨本在真部，采本在寒部，采训辨别，则声义通矣。弁急之字，《说文》作慸，亦寒、真之转也。青、谆亦有旁转，如《诗》"巧笑倩兮，美目盼兮"，倩在青部，盼在谆部，而以为韵。子夏引《诗》，倩、盼又与绚韵，则青、谆、真三部相转也。此皆次旁转也。以上阳弇声旁转。

侯、幽旁转，如句从丩声，朣脈二字义同声转。蜀国汉人书作㝅，朱字汉以来皆书作豆，是也。

幽、之旁转，如求声之字皆在幽部，而《诗》中裘字，与梅、狸、试为韵，则入之部。臼声之字本在幽部，而鸱旧之字，自古以为新旧之字，则借旧为久，读入之部。毐声之字本在之部，故《尔雅·释训》以毐韵德、忒、食。然《诗》已以毐韵鞠、覆、育、迪，为幽部入声，是也。

之、宵旁转，如《毛诗》"儦儦俟俟"，《韩诗》作"駓駓駯駯"。犛从犛声，当在之部，而《唐韵》作莫交切，汉时亦以犛牛、旄牛为称，是读犛入宵部也。氂字从毛，《周礼·乐师·音义》云：氂，旧音毛，是从毛声，在宵部也。而《左氏传》晏氂，《国语》作晏莱；《唐韵》亦音里之切，是读氂入之部也。此皆二部相转，故其音彼此相涉也。今语言之则曰的，是由之转宵也；言已则曰了，亦由之转宵也。

侯、宵亦有旁转，如乘骄作乘驹，车樔读蜂薮。《说文》受训上下相付，则受、付一语之转。《毛诗传》训摽为拊心，今人书符契之字作票，皆是也。侯、之亦有旁转，如音声在侯部，故《易》以蔀、斗、主为韵，而陪、倍诸字，多读入之部。又《小雅》鄂不，笺以为鄂柎；《大雅》御侮，与附、后、奏为韵，是也。幽、宵亦有旁转，如箾韶亦作箫韶，皋陶亦为咎繇，《鲁诗》"素衣朱绡"，《毛诗》作"素衣朱绣"，是也。此皆次旁转也。以上阴侈声旁转。

支、至旁转，如弟声之字，当在之部，而鴺读如秩。寔、实二字，春秋时已通用，汉世赵魏间亦同声呼之。八佾今作佾。之字，《汉书》、《春秋繁露》皆作溢；老洫之字，亦或作溢，是也。

至、脂旁转，如日声之昵，《左氏传》用为昵字。密本训山如堂者，周密之密，则借为比，故《说文》云："比，密也"，是也。

脂、队二部同居而旁转，旧不别出；今寻队与术、物诸韵，与脂、微、齐、皆自有巨细。其相转者，如豙从豕声，归月通用，《诗》皆以归韵脂部之字，是也。

脂、歌旁转，如玼亦作瑳，訾、咨亦借为嗟。彼交匪敖，亦作匪交;江南柀木,或作柴木,是也。

队、泰旁转,如兀在队部,月在泰部,而跀亦为卼,拐亦同扰。出在队部,癹在泰部,而屈、刖、拙诸字,与叕、褺、椴诸字,同有短义,是本一语之别,此其例也。

泰、歌二部同居而旁转,如曷即是何,奇即是诃,《说文》:奇,语相诃歫也。揭即是何,儋何之何。薸泧即摩莎,苦蒌即果裸,是也。

支、脂亦有旁转,如乐只君子,作乐旨君子。积之秩秩,作稦之秩秩。此从匕声,本在脂部;而是、斯二字,同借为此,则转入支部。示声之字,三百篇多入脂部;而《周礼》以示为祇,《左氏传》提弥明,《公羊传》作祁,《史记》作示,则示亦出入支、脂二部。支、泰亦有旁转,如知、哲二文互训通用。《荀子》朽木不折,《大戴礼》作朽木不知,是也。支、歌亦有旁转。如芰或作菱,輗或作軶,是也。至、泰亦有旁转,《说文》迭、达二字,或说以为互借。屮声之字,音本如彻,在至、支二部,彻或从屲声。而屵乃在泰部,是也。此皆次旁转也。以上阴弇声旁转。

东、侯对转,如匈从匃声,容从谷声,诵转为读,洞借为窦,童山即秃山,肯子即殳子,是也。

冬,幽对转,如忠转为周,忠信为周。蟲转为虯。蟲虯本异训,而从虯之字,义与从虫者同。猛变为蟒,夒变为戎,匔躬同训,穷究同训,是也。

侵、幽对转,如襌服作导服,味道作味覃。侵从帚而音亦与帚相转,寝训宿而音亦与宿相转;尤豫即犹豫,愬弱即柔弱,是也。

缉、幽对转,如《小雅》"事用不集",即事用不就;《豳风》"九月叔苴",即九月拾苴。勾合为一语,匊、匦为同训,皆一语之转也。今昱声之字,亦多读入幽部入声矣。

蒸、之对转,如载、乘同训,止、惩同训,台、朕同训,戴、增同训,皆一语之转也。倗读如陪,徵读如止,缯亦作绰。从宰省声。冰亦作凝,从疑声。亦其例也。

谈、宵对转,如《说文》訬读若毚,爵弁之爵,字本作缫,瀺、潺同训。《说文》无瀺,以潺该之。嚵、噍同训,皆一语之转也。

盍、宵对转,如砭转为剽,《说文》:剽,砭刺也。婕转为斛,捷《说文》训猎。转为钞,《说文》训叉取。猎转为獠,撖《说文》训理持。转为撩,《说文》训理。是也。

东、幽亦有对转,如董借为督,纵训为缩;冢之音义得于凵,用之音义同于由,翳变为幢,雾读如蒙,是也。缉、之亦有对转,急、廿相借,翌、翼相借,是也。侵、冬与之亦有对转,暗噁作意乌,得失作中失,是也。东、之亦有对转,《公羊传》宰上之木拱矣,以宰为冢。宰字《方言》作垛,《说文》无。《说文》艘读若莘,是也。茸亦从耳声,其字在东在冬未定。此皆次对转也。以上侈声对转。

青、支对转,如徛训使,转而为俾;赳训半步,转而为顷;耿从火圭声,鞞读如饼,是也。

真、至对转,如臻、至同训,亲、寴与至亦同训,皆一语之转也。妃嫔之为妃匹,振讯《尔雅》《毛诗传》皆有振讯之语。之与振肸,《说文》:肸,振肸也。亦一语之转也。

谆与脂、队对转,如三辰之辰本作示,《说文》示下云:三垂日月星也。"其祁孔有"读为麎,春之与推,《说文》:春,推也。臀之与脽,钝之与椎,汉人称钝为椎。敦之与垖,敦丘即垖丘。皆一语之转也。

寒与泰、歌对转,如宪得声于害,璿得声于睿,櫴得声于献,兑得声于泰,是寒、泰之转也。裸读如灌,閲读如县,献尊即牺尊,桓表即和表,是寒、歌之转也。

青、至亦有对转,如"戬戬大犹",今作秩秩;"平秩东作",又为辨程,是也。真、支亦有对转,如《诗》言麟之定,《传》训为颠,本亦作题,《说文》睼读若瑱,是也。真、脂亦有对转,如批古文作蠙,《说文》崸读若指,是也。寒、支亦有对转,如鱓或作䱉,尚训物初生之题,是也。寒与脂、队亦有对转,如煅转为烜,款从崇声,幡胡为肥胡,焉使作夷使,沙羡音沙夷,是也。此皆次对转也。以上弇声对转。

阳、鱼对转，如亡、无同训，荒、芜同训，旁、溥同训，雦、琴同训，往、于同训，昉《说文》但作方放。甫同训，改、抚同训，奘、驵同训，皆一语之转也。以上轴声对转。

交纽转者云何？答曰：寒、宵虽隔以空界，亦有旁转。如《大雅》以虐、谑、灌、跾、耄、谑、熇，药为韵。《说文》训芼曰草覆蔓，《广雅》训跾曰健。及夫榦之与橐，乾之与豪，翰之为高，乾之为橐，《周礼》作虆。琢之与兆，象之与逃，讙之与嚣，灌之与浇，蠮之与号，柬选之与挢捎，偃蹇之与夭挢，二皆见《广雅·释训》其训诂声音皆相转也。谈、盍、歌、泰虽隔以空界，亦有旁转。如丼声之字为那，勇敢谓之勇果，盈科借为盈坎；坎律铨也，坎又借为科，是歌、谈之转也。盍借为曷，蓋又从盍；枼从世声，世又借葉，是盍、泰之转也。此以近在肘腋，而漫阴声、阳声之界，是故谓之变声也。

问曰：凡阳声之收半摩半那者，从阴声而加之鼻音。侯、幽、之、宵，宁不可加以半那；歌、泰、脂、队、至、支，宁不可加以半摩耶？答曰：有焉，然其势不能上遂，而复下堕。故阴声有隔越相转之条。宵欲对青，支欲对谈，不及，则适与其阴声支、青隔越相转。故螵蛸为蜱蛸，左臕为左髀，戎狄为戎翟，自古以然。今敫声、勺声、乐声、翟声之字迻入锡韵者，由此也。之欲对真，至欲对蒸；不及，则适与其阴声至、之隔越相转。故古文阒为阆，肍亦为臆，宓羲为伏羲，不暇为不斁，由此也。因之与至转，故其左右之幽、宵皆附之以转。如《小雅》"神之吊矣，民之质矣"，吊质为韵。发彼有的，《毛传》训的为质。到之音本转于至，而吊借为到，亦借为至，是宵、至之转也。《韩诗》以蔽新为栗薪。《礼经》轩辋之字，《诗》作轩轾，是幽、至之转也。幽欲对谆，脂、队欲对冬、侵、缉；不及，则适与其阴声脂、队、幽隔越相转。故彫弓为弢弓，瑂琢为追琢，迟任为周任，畧昔为谁昔，由此也。侯欲转寒，泰欲转东；不及，则适与其阴声泰、侯隔越相转。故朱儒为椒儒，鼀蟊为蝍蝑，乘枱为乘泭，诵说为诵数，由此也。因侯与泰转，故其比邻之幽亦附之以转，投壶若是者浮，浮借为罚，亦或作匏作符，是幽、侯皆与泰转也。因侯与泰转，故其同列之宵，亦附之以转。《说文》少从丿声，又雀声之字为截。《方言》云：懞爵，言懞截也。与尐正相近。《说文》云：戳，束发少也。段氏改为尐小。其实小、少、尐古本同语耳。因泰与侯转，故其比邻之队亦附之以转。如绌、绌同训，柚、株同训，拙钿与朱愚、铢钝同训，皆一语之转也。若夫铢训钝者，字本作锢，而周周为短羽，乃九九之借。纬书言冠短周，周亦九字之借，与屈为短尾又相转也。《毛诗传》训屈为收，则以收拘同从丩声，本一语之转，故屈又为收矣。句萌或作区萌，与诎又相转。然其阳声亦往往效之。支、宵隔五而转，青、谈亦隔五而转，故《公羊经》敬嬴作顷熊，《说文》耆读若耿介之耿，由此也。至、之隔五而转，真、蒸亦隔五而转，故菱或作蓬，矜亦读兢；胜屠之音，转为申屠，四丘为甸，甸可读乘，由此也。脂、幽隔五而转，谆、侵亦隔五而转。参声之字为参，殿屎借为唸吤，是也。因谆与侵转，故其比邻之真亦附之以转，《本草》梣皮作秦皮，是也。真又与冬转，《大雅》以天韵躬，是也。因侵与谆转，故其比邻之东亦附之以转，《大雅》以东韵愍、辰、瘨，《淮南》、《史记》、《汉书》皆以邌门为逢蒙，是也。泰、侯隔五而转，寒、东亦隔五而转，故百官为百工，衮从公声，瞳从童声，铫或从象声作锹，是也。其幸而合会者，宵、青有转，则《三苍》训熛为进火，《说文》训烺为缥色，《庄子》洴澼绕即漂绕，《淮南》生蒮即生萍。《地形训》：容华生蓍，蓍生蘋藻。《广雅·释草》：蒮，萍也。之、真有转，则《说文》读嫩为迅，训嫔为服。与妇同训。《释草》以榛，"采薪即新"为同名，是也。幽、谆有转，则囷声之字为媪，稟声之字为𩵋；《大雅》彤弓，乃为敦弓；《司几筵》每敦一几，敦读曰焘，是也。侯、寒有转，则《说文》短从豆声，㚟声需声之字往往相变，敏关为款关，款款为叩叩，是也。支、谈有转，则广有危、鱼毁切。檐两读，《释宫》①㡔谓之坫，亦由是转，是也。至、蒸有转，则《释诂》训凌为溧，《荀子》言陵谨言节族欲陵，竝即恂栗严栗之栗，本作㼚。是也。队、缉有转，则古文以入为内，以立为位，是也。泰、东有转，则以阅为容，《诗》：

我躬不阅,《传》曰:阅,容也。以达为通,达本行不相遇,无通义。以蓬为坺,蓬颗勃壤皆借为坺。是也。此皆奇忤错出,不别弇侈,不入旁转、对转之条,而亦成条贯有分理。盖馀分闰位,声音之间气也不为常率,又非可泯绝其文,故谓之变声尔。音之正者,呼侯、幽、之、宵诸韵,声固近撮唇;呼歌、泰、脂、队、至、支诸韵,声固近上舌矣。循是而施鼻音,既有常典,故范围不可过。摩、那二音,曷能更互以施焉?

一字重音说

中夏文字率一字一音,亦有一字二音者,此轶出常轨者也。何以证之? 曰:高诱注《淮南·主术训》曰:"鶬鶊,读曰私鈚头,二字三音也。"按私鈚合音为鶬,谆脂对转也。头为鶊字旁转音。既有其例,然不能征其义。今以《说文》证之,凡一物以二字为名者,或则双声,或则叠韵。若徒以声音比况,即不必别为制字。然古有但制一字不制一字者,蹢躅而行,可怪也。若谓《说文》遗漏,则以二字为物名者,《说文》皆连属书之,亦不至善忘若此也。

然则远溯造字之初,必以一文而兼二音,故不必别作彼字。如《说文》虫部有悉蟀,蟀,本字也;悉则借音字。何以不兼造蟋?则知蟀字兼有悉、蟀二音也。如《说文》人部有焦侥,侥,本字也;

焦则借音字。何以不兼造僬？则知僬字兼有焦、僬二音也。如《说文》廌部有解廌，廌，本字也；解则借音字。何以不兼造獬？则知廌字兼有解、廌二音也。廌字兼有解、廌二音，更有确证。《左传·宣十七年》："庶有廌乎"，《杜解》：廌，解也。借廌为解，即廌有解音之证。艸部有羋薑，薑，本字也；羋则借音字。何以不兼造薛？则知薑字兼有羋、薑二音也。其他以二字成一音者，此例尚众。如黾勉之勉，本字也，黾则借音字；则知勉字兼有黾、勉二音也。诘诎之诎，本字也，诘则借音字；则知诎字兼有诘、诎二音也。籰篅之籰，本字也，篅则借音字；则知籰字兼有籰、篅二音也。唐逮之逮，本字也，唐则借音字；则知逮字兼有唐、逮二音也。此类实多，不可殚尽。

大抵古文以一字兼二音，既非常例，故后人旁驸本字，增注借音，久则遂以二字并书。亦犹越称於越，邾称邾娄，在彼以一字读二音，自鲁史书之，则自增注於字、娄字于其上下也。

古今音损益说

近世平议古音之士，惟四说为奇恒。顾炎武曰：古无麻部。段玉裁曰：古无去声。王念孙曰：古音盍部、缉部有入声，无平上去；至部、月部有去入，无平上。钱大昕曰：古音字纽，有端、透、定、无知、彻、澄；有帮、滂、並、明，无非、敷、奉、微。其言至淖微闳约矣，非闭门思之十年，弗能憭也。麻部之声，西北自陇右出，汉末中原亦然。《释名》曰："车，古者曰车声如居，言行所以居人也。今曰车②，车，舍也，行者所处若舍也。"又曰："库，舍也，物所在之舍也。故齐鲁谓库曰舍也。"今俗字有厍，即库字读如舍也。此为青徐已有麻部，江南尤众，则音雅雅如白项乌。中国以外，匈奴、西域、印度诸国，虑无不有麻部者。声气凑微，发如机括，虽古之中原何以外是？其无麻部者，诸声张口嘘之，惟麻部为极侈。记言口容止，父母有疾，笑不至龂。此则平居笑有至龂。语则常止，不大开也。若作麻部音者，辅车动摇，齮牙若虎，堕其容矣。故约制其音使有歌、戈、鱼、模而无麻部，非本自然，容经之所制也。吴越故与上国殊俗，其民诞慢，故江南多麻音。《诗》称"不吴不扬"，何承天读吴为胡化反。古之名国，多本其音，其音最张口，故谓之吴；其音次张口，故谓之扬州。越即扬也，如对越即对扬。阳唐之音，故中原旧音矣，然其声悉敛近内。今山西人呼阳唐音，皆穹口，近宵、肴、豪。悟气如欠以呼阳唐者，于古独有扬州。是故吴、扬非正音也。

平上去入四声者，近起齐梁，以为诗律。古者不以四声制诗，非遽无四声也。四声既备，独无去声，怪其不近情矣。平上者，定气呼之;去声者,引气呼之。今作去声,必先遒促其气,劫之令吐,平上异是,故去声为引音。余观印度十二声势,楇音阿可反,此径直音也;阿音阿箇反,此引音也;医音伊乀反,此径直音也;缢音伊异反,此引音也;坞音乌古反,此径直音也;汙音坞固反,此引音也。见慧琳《一切经音义》第二十五。音纽相同而声势异,其引音者皆去声。中国上世无引音,发声易直,故曰放郑声。昔吾有先正,其言明且清也,无引音者,即不得有去声矣。入声皆与平上相丽,盍、缉、至、月,独无平上,是有枝叶无本根,此可怪也。征之近世北方之音,入声有平上者皆转为平上去。盍、缉与月,北方皆作入声,此古音也。王君以为他部四声相属,独此为异;余以他部古无入声,入声于古皆为平上,独盍、缉、至、月为入声。古者入声与平上不相丽,各为部曲,故盍、缉、至、月不通于诸韵矣。

汉音异他国者,独知、彻、澄三纽,细不至照、穿、床,大不及端、透、定。罗甸字纽,传于欧罗巴诸国,不足以切汉音者,惟汉音有知、彻、澄故。印度旧音,有绖、姹、茶三纽,斯则知、彻、澄也。今就问梵土诸学者,绖、姹、茶音,犹作多、佗、陀。多、佗、陀入麻部,本亦有多、佗、陀三纽,然与此轻重有别。故悉谈亦不足切汉音。露西亚声有上咢,与知、彻、澄又小异。斯齐州之土风,所以殊众。今无知、彻、澄,则与域外相通耶? 诸纽不发声则不见,独知、彻、澄、非、敷、奉、微,蹙口呼之,声不暴出而清亮如鸣蜩、蟪蛄。此为吟啸,非语言也。语异于啸,故无上咢、轻唇之音矣。

古音娘日二纽归泥说

古音有舌头泥纽,其后支别,则舌上有娘纽,半舌半齿有日纽。于古皆泥纽也。

何以明之?涅从日声。《广雅·释诂》:"涅,泥也。""涅而不缁",亦为"泥而不滓"。是日、泥音同也。䵲从日声。《说文》引《传》:"不义不䵲",《考工记·弓人》杜子春注,引《传》:"不义不昵。"是日、昵音同也。昵今音尼质切,为娘纽字。古尼、昵皆音泥,见下。《传》曰:"姬姓,日也;异姓,月也。"二姓何缘比况日月?《说文》䘞字从日,亦从内声作䘞。是古音日与内近。月字古文作外,韵、纽悉同,则古月、外同字。日月所以比内外者,《天文志》曰:"日有中道,月有九行。中道者,黄道,一曰光道;九行者,黑道二,出黄道北;赤道二,出黄道南;白道二,出黄道西;青道二,出黄道东。"是为日道在内,月行在外。姬姓内也,异姓外也。音义同,则以日月况之。太史公说,"武安贵在日月之际",亦以日月见外戚也。日与泥、内同音,故知其在泥纽也。入之声今在日纽,古文以入为内。《释名》曰:"入,内也。内使还也。"是则入声同内,在泥纽。任之声今在日纽,《白虎通德论》《释名》皆云:"男,任也。"又曰:"南之为言,任也。"《淮南·天文训》曰:"南吕者,任包大也。"是古音任同男、南,本在泥纽也。

然、而、如、若、尔、耳,此六名者,今皆在日纽。然之或体有燃,从艸,难声。《剧秦美新》:"燃除仲尼之篇籍";《五行志》:"巢燃堕地",皆从难声。明然古音如难,在泥纽也。而之声类有耏,《易·屯》曰:"宜建侯而不宁。"《淮南·原道训》曰:"行柔而刚,用弱而强。"郑康成、高诱皆读而为能,是古音而同耏、能,在泥纽也。如从女声,古音与奴、拏同,音转如奈。《公羊·定八年·传》:"如丈夫何?"《解诂》曰:"如,犹奈也。"又转如能,《大雅》:"柔远能迩。"《笺》曰:"能,犹伽也。"奈、能与如皆双声,是如在泥纽也。若之声类有诺,称若、称乃,亦双声相转,是若本在泥纽也。《释名》曰:"尔,昵也。""泥,迩也。"《书》言:"典祀无丰于昵",以昵为祢。《释兽》:"长脊而泥",以泥为阒。是古尔声字皆如泥,在泥纽也。《汉书·惠帝纪》曰:"内外公孙耳孙。"师古以耳孙为仍孙。仍今在日纽,本从乃声,则音如乃,是耳、仍皆在泥纽也。

奰、弱、儒、柔,此四名者,今皆在日纽。奰声之穓,音奴乱切;奰声之煓,音乃管切;奰声之㛙,音奴困切。是奰本在泥纽也。弱声之嫋,音奴鸟切;弱声之搦,音奴历切;弱声之溺,或以为尿,音奴吊切。《管子・水地》:"夫水,淖弱以清。"《庄子・逍遥游》:"淖约若处子。"李颐曰:"淖约,柔弱貌。"明古音弱与淖同,故得以淖为弱,或为联语,是弱在泥纽也。儒之声类羺、獳、臑,《广韵》竝音奴钩切,此则儒本音羺,在泥纽也。《广雅・释诂》柔训为弱,《说文》鞣、鍒皆训为耎。柔与弱、耎本双声,而义相似,故柔亦在泥纽也。明此,则恁为下赣,荏染为柔木,其音并在泥纽,可例推也。

人、仁之声,今在日纽。人声之年,为奴颠切;仁声之佞,为乃定切。此则人、仁本音如佞,在泥纽也。冉之声今在日纽。那从冉声,则冉、那以双声相转,在泥纽也。攘之声今在日纽。枪攘古为枪囊,是攘本音为囊,瀼亦为囊,在泥纽也。举此数事,今日纽者,古音皆在泥纽。其他以条列比况可也。

今音泥、坭为泥纽,尼、昵在娘纽。仲尼,《三苍》作仲屔,《夏堪碑》曰仲泥。何侘? 足明尼声之字古音皆如屔、泥,有泥纽,无娘纽也。今音男女在娘纽,尔女在日纽。古音女本如帑,妻帑、鸟帑,其字则一。《天文志》颜师古说:"帑,雌也。"是则帑即女矣。尔女之音,展转为乃,有泥纽,无娘纽也。狃之声今在娘纽。"公山不狃",狃亦为擾,往来频复为狃,《说文》作狃,擾、狃今在日纽。古无日纽,则狃亦在泥纽也。其他亦各以条列比况可也。

问曰："声音者,本乎水土,中乎同律,发乎唇吻,节族自然。今曰古无娘、日,将迫之使不言耶? 其故阙也。"答曰:"凡语言者,所以为别。日纽之音,进而呼之则近来,退而呼之则近禅;娘纽之音,下气呼之则近影,作气呼之则近疑。古音高朗而彻,不相疑似,故无日、娘二纽矣。今闽广人,亦不能作日纽也。"

古双声说

古音纽有舌头,无舌上;有重唇,无轻唇,则钱大昕所证明。娘、日二纽,古并归泥,则炳麟所证明。正齿、舌头,虑有鸿细,古音不若是繁碎,大较不别。齐庄、中正,为齿音双声。今音"中"在舌上,古音"中"在舌头,疑于类隔,齿舌有时旁转,钱君亦疏通之矣。此则今有九音,于古则六:曰喉、牙、舌、齿、唇、半舌也。同一音者,虽旁纽则为双声。是故金、钦、禽、唫,一今声具四喉音;汙、吘、芌、華,一于声具四牙音。

汉魏南北朝,反语不皆音和,以是为齐。及夫喉、牙二音,互有蜕化,募原相属,先民或弗能宣究。证以声类,公声为翁、为玄,工声为红,段声为瑕,古声为胡,久声为羑,圭声为鼍,夹声为挟,甲声为狎,见声为苋,气声为饩,开声为形,乚声为弘,堇声为歡,干声为汗,咼声为祸,区声为欧,谷声为浴,角声为斛,句声为昫,羔声为窯,丂声为号,高声为蒿,光声为黄,斤声为欣,君声为莙,《说文》读若威。軍声为運,匀声为曷,今声为佥,敫声为繁,卂读若翩声为彝,咎声为歈,於纠切元声为完,午声为许,我声为義,此喉音为牙也。匜声为姫,異声为冀,羊声为羌、为姜,灰声为恢,或声为国,危声为诡,奚声为谿、为鷄,益声为齸,目乌玄切声为涓,与声为举,虍声为虖、为亏,户声为顾,由声为轴,爻声为教,恒声为緪,荧声为莹,从声为轨,古案切。于声为夸,皂声为卿,呈声为匡,玄声为牵,衍声为愆,咸声为感,臽声为衉,苦绀切合声为袷,此牙音为喉也。是故楷柶为楷柜,曲红为曲江,冶容为蛊容,肉倍好为肉倍孔,芐为大苦,何以恤我为假以溢我,有蒲与荷为有蒲与茄。词有扬榷,训有误猓,《庄子·天下》篇《释文》:误有胡启、苦迷、五米三反,猓有户寡、勘祸二反。其音出入喉、牙,而皆为双声。鸟有雠渠,乐有空侯,形有句股弦,水有江河淮沇,山有吴华恒衡,皆双声也。囧圈同文,油膏通借,若是者遽数之不能终其物。昔守温、沈括、晁公武辈,喉、牙二音,故已互易。韩道昭乃直云深喉、浅喉,斯则喉、牙不有异也。百音之极,必返喉、牙。喑者虽不能语,犹有喉、牙八纽。语或兜离了戾,舌上及齿,必内入喉、牙而不悟憭。今交广音则然。北方轻唇或时入牙,故喉、牙者生人之元音。凡字从其声类,横则同均,纵则同音,其大齐不逾是。

然音或有绝异，世不能通，掸钩元始，喉、牙足以衍百音，百音亦终轫复喉、牙。攸声有条，由声有笛，罩声有铎，亅声有蹄，亦声有狄，也声有地，吕声有台、有能，弋声有代、有忒，舀声有稻、有韬，向声有当，侪声有腾，毒声有毒，余声有荼，俞声有偷，庚声有唐，合声有兑，炎声有谈，咸声有覃，易声有汤，甬声有通，贵声有颓，堇声有难，夒鼗文婚声有幰，乃回切。尧声有娆，九声有尻，篆文作蹂，音人久切，古泥纽，今日纽。予声有芌，此喉、牙发舒为舌音也。天音如显，《释名》地训为易，《春秋·元命苞》弟读为围，《诗笺》田读若引，田本作甸。卤读若调。声为卤。读若攸。多声有歹、为移，自声为归，壬他鼎切。声为巠，象声为缘，眔声为鲽、为褱，兑声为阅，殳古音如投。声为股、为毅，内声为裔、为襧，竹声为籀，虫声为融，姚、铫大吊切。同声、羬、以冉切。恬同声，此舌音逊敛为喉牙也。鲁读若写，午声有卸，卸复有御，鱼声有稣，户声有所，羊声有详，易声有伤，乙声有失，失复有佚，合声有肩，血声有恤，亘声有宣，冃声有圜，似沈切。弋声有式，乐声有铄，音声有戠，殷声有声，公声有松，谷声有俗，匀声有旬，牙声有邪，彦声有产，也声有施，屰声有朔，契声有偰，执声有蓺，告声有造，库读如舍，《释名》。车读如尺奢反，此喉、牙发舒为齿音也。出声为屈，重声有衷、为罿，彗祥岁切声为慧，岁声有芗，世声有勘，戍声有威，隹声有唯，自声为洎、为臮、为皋，支声为芰、为跂，旨声为诣、为稽、为耆，只声为仅，以跂切。氏声为衹，矢声为疑，聑声为揖，丞声为烝，金声为剑、为险，川声为训，井声为荆，收声为莜，舟声为貈，以疋为雅，以所为许，以声为馨，此齿音遁敛为喉牙也。亯亦为享，今作烹。为声有皮，囟读若犷。声有硱硱，蒿声有蘜，允声有玧，璊之或字。已乎感切。声有汜，黑声有默，昏声有捪、有脂，开声有并，久声有畞，交声有駮，此喉、牙发舒为唇音也。丙声为更，采声为卷，芇母官切。声为茧，冒声为勖，勿声为忽，母声为悔，网声为冈，亡声为巟，品声为嵒，分声为衅，衅复音门，文声为虔，未声为沫，即頮字。散声为岂、豹、约同声，父、巨音训，此唇音遁敛为喉、牙也。各声有路，京声有凉，咎声有绺，读若柳。柬声有阑，果声有裸，兼声有廉，监声有滥，乐声有瘵，聿声有津，亝声有柳，蠹声有量，鱼声有鲁，可声有砢，来可切。《诗》以鞏革为鉴勒。《考工记》故书以两乐为两栾，此喉、牙发舒为半舌也。羸声为赢，里声有悝，苦回切。为趣，读若孩。翏声为胶，鬲郎击切。声为隔，吕声为莒，令声为矜，末声为頼，读若嘬。剑、敛同声，蛾、罗一名；"总角丱兮"，《地官·丱人》：丱读如贯，"有略其耜"，略读如劈；劈即籀文剽字。古文《春秋》以即立为即位，此半舌遁敛为喉、牙也。

略举数事，足以明喉、牙贯穿诸音。精气为物，游魂为变，往者屈也，来者伸也，屈伸相感以成形声。讽诵典籍病塞吃者，由是得调达也。

语言缘起说

语言者，不冯虚起。呼马而马，呼牛而牛，此必非恣意妄称也，诸言语皆有根。先征之有形之物，则可睹矣。何以言雀？谓其音即足也。何以言鹊？谓其音错错也。何以言雅？谓其音亚亚也。何以言雁？谓其音岸岸也。何以言驾鹅？谓其音加我也。何以言鹍鹑？谓其音磔格钩辀也。此皆以音为表者也。何以言马？马者，武也。古音马、鱼同在鱼部。何以言牛？牛者，事也。古音牛、事同在之部。何以言羊？羊者，祥也。何以言狗？狗者，叩也。何以言人？人者，仁也。何以言鬼？鬼者，归也。何以言神？神者，引出万物者也。何以言祇？祇者，提出万物者也。此皆以德为表者也。要之以音为表，惟鸟为众；以德为表者，则万物大抵皆是。乃至天之言颠，地之言底，山之言宣，水之言准，水在脂部，准在谆部，同类对转。火之言毁，古音火、毁同在脂部。土之言吐，金之言禁，风之言氾，有形者大抵皆尔。以印度胜论之说仪之，实、德、业三，各不相离。人云、马云，是其实也；仁云、武云，是其德也；金云、火云，是其实也；禁云、毁云，是其业也。一实之名，必与其德若,与其业相丽。故物名必有由起。虽然,太古草昧之世,其言语惟以表实,而德业之名为后起。青、黄、赤、白、坚、耎、香、殠、甘、苦之名,则当在实先。但其字皆非独体,此不可解。故牛、马名最先;事、武之语,乃由牛、马孳乳以生。世稍文,则德、业之语早成,而后施名于实。故先有引语,始称引出万物者曰神;先有提语,始称提出万物者曰祇。此则假借之例也。

物之得名,大都由于触受。触受之罜异者,动荡视听,眩惑荧魄,则必与之特异之名。其无所罜异者,不与特名,以发声之语命之。夫牛、马、犬、羊,皆与人异,故其命名也,亦各有所取义。及至寓属,形体知识,多与人同。是故以侯称猴,侯者,发声词也。如云"侯不迈哉","侯其祎而"。以爰称蝯,爰者,发声词也;蝯之变而为爲,元寒、歌戈相转,若橪读如执矣。以且称狙,且者,发声词也。以佳称蜼,佳者,发声词也。发声之维,古彝器皆作佳。以胡称獋,《说文》:斩獋,类猿蜼之属。陆玑《毛诗草木疏》云:猿之白腰者为獬猢,今犹有猢孙之语。胡者,发声词也。以渠称獹,渠者,发声词也。如何渠亦作何遽,俗字有讵,亦即遽字。盖形体相似,耦俱无猜,目无异视,耳无异听,心无异感,则不能与之特异之名,故以发声命之则止。其在人类亦然,异种殊族,为之特立异名。如北方称狄,东北称貉,南方称蛮、称闽,其名皆特异。被以犬及虫豸之形,谓其出于兽类。尚考蛮、闽二字,本由髳转,长言为马流,唐以前史籍皆作马流,今作马来。短言为髳。《牧誓》言"庸、蜀、羌、髳、微、卢、彭、濮",《小雅》言"如蛮如髦",《传》曰:"髦,夷髦也。"髳云、髦云,即马流合音耳。今人呼西南夷为苗,其实当作髦。《书》之三苗,旧说皆谓三族之不才子,乃苗裔字,非有异种名三苗也。稍变则曰蛮,又稍变则曰闽,非必是虫类也。以其异族,故被之以恶名。狄貉二名准是。抑诸夏种族自西来,《史记》称高阳生于若水,高辛生于江水,皆蜀西地也。陇西之姜戎者,又四岳苗裔也。故于西方各种,亦不为特立异名。或称曰羌,羌者,发声词也。或称曰戎,戎者,又人之声转也。颜师古《匡谬正俗》言:今之戎兽,字当作猱,戎猱一音之转。猴类得名,亦由人之转音,此可互证。东方诸国,不与中国抗衡,故美之曰仁人,号之曰夷种。夷本人字声转得名,夷古音当读人脂切,人夷双声,其韵为脂,真旁对转,而夷复为发声之语。如云"夷使则介之"、"夷考其行"。斯又可展转互证矣。东胡与貉一物也,胡亦发声之词,而以名貉种者。胡名初起,宜即九夷之辈,渐以其名施之貉族,亦犹汉世以胡称匈奴,隋、唐人以胡称西域耳。反古复始,谓胡者宜属九夷,非貉族之号也。由是言之,施于兽类者,形性绝异,则与之特异之名;形性相似,则与之发声之名。施于人类者,种类绝异,则与之特异之名;种类相似,则与之发声之名。以此见言语之分，由触受顺违而起也。

人自称与最亲昵之相称，亦以发声之词言之。如古人称先生曰兄，今称先生曰哥；兄为发声词，兄即况字，如《诗》"仓兄填兮"，"职兄斯引"。汉石经《尚书·无逸》篇则"兄自敬德"，皆发声词也。哥亦发声词也。哥从可声，可从丂声，丂即今之阿字，发声词也。至亲无文，则称之曰尔、曰乃、曰若，此皆发声词也。自称曰朁老子，朁亦发声词也。《说文》：朁，曾也。引《诗》"朁不畏明"。古人自称曰朕，朕即朁字，正当作朁，朕乃假借耳。朁古音或如岑，故变为朕，与台为舌音双声，之蒸对转。自称曰我，我转为义、为仪、为羲，亦皆发声词也。《书》称："义尔邦君"，"越尔多士，尹氏御事"。《诗》"我仪图之"，义、仪皆发声词也。《说文》云："羲，气也。"凡言乌呼者，亦作於戏。戏当作羲，犹伏羲亦作伏戏也。於戏之为发声，人所共晓。自称曰言，《释诂》：言，我也。言亦发声词也。如《诗》"言告师氏"、"言念君子"之属。自称曰阿，见《释诂》注。我父曰阿父，我兄曰阿兄，阿即丂字，亦发声词也，《说文》："丂，气欲舒出，上碍于一也。""丂，反丂也。"读若呵。近世言阿者，其字皆当作丂。此皆无所罣异，故未尝特制一称。益明语言之分，由触受顺违而起也。

语言之初，当先缘天官，然则表德之名最夙矣。然文字可见者，上世先有表实之名，以次桄充，而表德、表业之名因之；后世先有表德、表业之名，以次桄充，而表实之名因之。是故同一声类，其义往往相似。如阮元说，从古声者，有枯、槁、苦、瘑、沽、薄诸义。此已发其端矣，今复博征诸说。如立"爲"字以为根：爲者，母猴也，猴喜模效人举止，故引伸为作爲，其字则变作僞。凡作僞者异自然，故引伸为诈僞；凡诈僞者异真实，故引伸为讹误，其字则变作譌。爲之对转为猿，僞之对转复为谖矣。如立"禺"字以为根：禺亦母猴也，猴喜模效人举止，故引伸之凡模拟者称禺。《史记·封禅书》云："木禺龙栾车一驷，木禺车马一驷"，是也。其后木禺之字，又变为偶，《说文》云："偶，桐人也。"偶非真物，而物形寄焉，故引伸为寄义，其字则变作寓。凡寄寓者非能常在，顾适然逢会耳，故引伸为逢义，其字则变作遇。凡相遇者必有对待，故引伸为对待义，其字则变作耦矣。如立"乍"字以为根：乍者，止亡词也，仓卒遇之，则谓之乍，故引伸为最始之义，字变为作。《毛诗·鲁颂传》曰："作，始也"；《书》言"万邦作乂"，"莱夷作牧"，作皆始也。凡最始者必有创造，故引伸为造作之义。凡造作者异于自然，故引伸为伪义，其字则变为诈。又自最始之义，引伸为今日之称往日，其字则变作昨。如立"䇂"字以为根：䇂者，辠也，辠者，剌也，其字从干，干从倒入，入一为干犯也，入二为䇂，言稍甚也，其音如愆。䇂训为剌，又言稍甚，其实今之甚字，由䇂而变。

《说文》云：“甚，尤安乐也。从甘，匹，匹，耦也。”男女之欲，安乐尤甚，亦有直刺之义。后人改作，凡殊尤之义，则专作甚字，凡直刺之义，则变为揕字；俗作欨。《史记·刺客传》曰：“左手把其袖，右手揕其匈”，是也。由刺之义，引伸为胜，字变作戡，“西伯戡黎”是也。亦借用堪，《墨子·非攻》篇云：“往攻之，予必使女大堪之”，是也。由胜之义，引伸复为胜任，由胜任义，引伸复为支载，于是字变作堪。《说文》云：“堪，地突也”，今言堪舆是也。然由甚字有尤安乐义，其字或借作湛，《毛诗·小雅·传》曰：“湛，乐之久也。”其后有专乐饮酒之义，则又变为酖字。乐极无厌，还以自害，故曰“宴安酖毒”。于是鸟可以毒人者，亦得是名，字则变为鸩矣。羊之声本同任，《太宰》“以九职任万民”，注曰：任犹俌也，俌即俌刃之俌，与羊同训刺。耕稼发土者命之为男，旧皆以任训男，即羊之字变也；侵、冬自转，男之字又变为农矣。如立“爲”字以为根：辡者，罪人相与讼也，方免切。引伸则为治讼者，字变作辩。治讼务能言，引伸则为辩论辩析。由辩析义，引伸则为以刀判物，于是字变作辨。由刀判义，引伸则有文理可以分析者亦得是名，其字则变作辨。由刀判义，引伸则瓜实可分者亦得是名，其字则变作瓣矣。如上所说，“爲”字、“禺”字、“乍”字、“羊”字、“辡”字，一字递衍，变为数名。广说此类，其义无边，今姑举五事明之。《说文》句部有拘、钩，臤部有緊、堅，已发斯例，此其涂则在转注、假借之间。"转注者，建类一首，同意相受"。今所言类，则与戴、段诸君小异；彼则与形，此则与声。考、老声类皆在幽部，故曰建类。若夫"同意相受"，两字之训，不异毫牦；今以数字之意，成于递衍，固与转注少殊矣，又亦近于假借。何者？最初声首，未有递衍之文，则以声首兼该馀义。自今日言，既有递衍者，还观古人之用声首，则谓之"本无其字，依声托事"，故曰在转注、假借间也。

转注假借说

《说文叙》曰："转注者，建类一首，同意相受，考老是也。"前后异说，皆琐细无足录。休宁戴君以为，考，老也，老，考也，更互相注，得转注名。段氏承之，以一切故训皆称转注。许瀚以为，同部互训然后称转注。由段氏所说推之，转注不系于造字，不应在六书；由许瀚所说推之，转注乃豫为《说文》设。保氏教国子时，岂县知千载后有五百四十部书邪？且夫故训既明，足以心知其意；虚张类例，亦为繁碎矣。余以转注、假借，悉为造字之则。泛称同训者，后人亦得名转注，非六书之转注也。同声通用者，后人虽通号假借，非六书之假借也。盖字者，孳乳而浸多。字之未造，语言先之矣；以文字代语言，各循其声。方语有殊，名义一也，其音或双声相转,叠韵相迤,则为更制一字,此所谓转注也。孳乳日繁,即又为之节制,故有意相引申,音相切合者,义虽少变,则不为更制一字,此所谓假借也。何谓"建类一首"？类谓声类,郑君《周礼序》曰：就其原文字之声类。《夏官序官注》③曰："薙读如鬄,小儿头之鬄,《书》或为夷","字从类耳"。古者类律同声,《乐记》律小大之称,《乐书》作类小大之称。《律历志》曰：既类旅于律吕,又经历于日辰,又集韵六术。类,似也,音律,此亦古音相传,盖类律声义皆相近也。以声韵为类,犹言律矣。首者,今所谓语基。《管子》曰："凡将起五音凡首";《地员》篇。《庄子》曰："乃中经首之会。"《养生主》篇。此声音之基也。《春秋传》曰："季孙召外史掌恶臣而问盟首焉",杜解曰："盟首,载书之章首。"《史记·田儋列传》曰："蒯通论战国之权变,为八十一首。"此篇章之基也。首犹言题。《方言》曰："人之初生谓之首。"初生者,对孳乳浸多。此形体之基也。考老同在幽部,其义相互容受,其音小变。按形体,成枝别;审语言,同本株。虽制殊文,其实公族也。非直考老,言寿者亦同。《诗·鲁颂传》寿,考也。考、老、寿皆在幽部。

循是以推,有双声者,有同音者,其条例不异。适举考老叠韵之字,以示一端,得包彼二者矣。凡同部之字,声近义同,许君则联举其文,所以示转注之微旨也。如芋,麻母也;菓,芋也;古音同在之部。蕾，萱也；萱，蕾也；同得冒声，古音同在之部。蕾、萱二文，《释草》已转相训。藕车笐舆亦同，然实是一字。古多以同字为训者，如《说文》云：乌，雟也。是其例。蒋，苗也；苗，蒋也；古音同在幽部。藕，笐舆也；笐，笐舆也；古音同在泰部。萧，艾蒿也；萩，萧也；古音同在幽部。走，趋也；趋，走也；古音同在侯部。逆，迎也；迎，逢也；古音阳、鱼对转。遗，亡也；遂，亡也；遗、遂同声，如䕨或作藋，是其例。古音出入脂、泰二部。迟，徐行也；遟，徐也；古音同在脂部。迟明或作黎明，是其声通。遷，近也；迩，近也；古音至、脂相转。诚，敕也；诫，诚也；古音同在之部。诪，洲也；洲，诪也；古音同在幽部。幺，小也；幼，少也；古音同在幽部。丝，微也；幽，隐也；古音同在幽部。刑，剄也；剄，刑也；古音同在清部。箠，击马也；䇷，箠也；古音同在歌部。标，木杪末也；杪，木标末也；古音同在宵部。桯，床前几；桱，桱桯也；同得壬声，古音同在青部。鄂，右扶风县名；扈，夏后同姓所封，在鄂，古音同在鱼部。晄，明也；旷，明也；同得光声，古音同在阳部。晏，天清也；皘，星无云也；古音同在元部。皓，日出貌；曘，皓旰也；古音宵、幽旁转，《唐韵》并胡老切。窨，冥也；窔，窨窔，深也；古音同在宵部。疡，头创也；痒，疡也；古音同在阳部。颅，无发也；领，秃也；古音脂、谆对转。煋，火也；燬，火也；古音同在脂部。焯，明也；照，明也；古音同在宵部。

竫,亭安也;靖,立竫也;古音同在清部,《唐韵》皆疾郢切。洪,洚水也;洚,水不遵道也;古音同在东部,《唐韵》皆户工切。永,长也;羕,水长也;古音同在阳部。霖,雨三日以往为霖;霃,霖雨也;古音同在侵部。霁,雨止也;霋,霁谓之霋;古音同在脂部。鲧,鱼也;鳏,鱼也;古音同在元部。《经典释文》禹父之字亦书作鳏。耴,耳垂也;貼,小垂耳也;古音无舌上,耴、辄、慹皆读如垫,耴、貼同在盍部。搢,引也;擢,引也;古音幽、宵旁转,同在舌头。探,远取之也;撢,探也;古音同在侵部。捽,掘也;掘,捽也;古音同在术部。妴,婉也;婉,顺也;古音同在元部。蚰,螫也;螫,虫行毒也;古音同在铎部。飏,疾风也;飀,大风也;颮,大风也;古音同在队部。垚,土高也;尧,高也;古音同在宵部。午,忤也;忤,逜也;古音同在鱼部。

若斯类者,同韵而纽或异,则一语离析为二也。即纽韵皆同者,于古则为一字。然自秦汉以降,字体乖分,音读或小与古异。凡将训纂,相承别为二文,故虽同义同音,不竟说为同字,此皆转注之可见者也。许君绵联比叙,令学者心知其意。其他部居不同若文不相次者,如士与事、了与疓、丰与菶、火与煋、熭、羊与戬、虠与踬、悈与勑、辛与愆、恫与痛、俑、敬与憼、忌与惎、譬、欺与谋、恩与悠、敕与游、夋与竣与踆、頳与赬、哭与偯、姝与妭、敝与幣,此类尤众。在古一文而已,其后声音小变,或有长言、短言,判为异字,而类义未殊,亦皆转注之例也。若夫畐、葡同在之部,用、庸同在东部、画、挂同在支部,鼻、恭同在东部,耻、恶同在之部,可、哿同在歌部,丞、朵同在歌部,吶、瘌同在歌部,緜、敫同在元部,耆、愒、憈同在缉部,殷、捶同在宵部,夲、皋同在宵部,齐、敖同在宵部,臱、傲同在宵部,昭、照同在宵部,劀、刮同在月部,肉、讷同在月部,乓、絫同在月部,涛、洲、油同在幽部,廷、往同在阳部,惶、恒同在阳部,妹、媚同在队部,煖、煗同在元部,萑、鹳同在元部,午、忤、弄同在鱼部,丙、舌同在月部丙读若誓。潍、渶、浇同在宵部,涿、注同在侯部,姁、妪同在侯部,劳、勦同在宵部,戮、镏同在幽部,浏、潊同在幽部,晏、安同在元部,髳、髻同在支部,鬌、褯同在脂部,启、闿、开同在脂部,胥、瑕同在鱼部,既、叽、泰、脂旁转、匏、瓢、幽、宵旁转。此于古语皆为一名,以音有小变,乃造殊字,此亦所谓转注者也。

其以双声相转,一名一义而孳乳为二字者,尤彰灼易知。如屏与藩,并与比,旁与溥,亡与匸,象与豫,墙与序,谋与谟,勉与懋、慎,敞与缁、缅,楸、茂与森,改与抚,迎、逆与讶,攺与敏,笒与笼,龙与龕,空与窠,丘与虚,浃与濬,由与胄,遷与逮,但与裼,古音如摘。雁与鹅,揣与娓,口与圆、圌,回与回,弱与柔,彔、戻,芮与茸，日与冢，究、窾与穷，诵与读，媪与妪，雕与鷻，依与彔，爨与炊，此其训诂皆同，而声纽相转。本为一语之变，益粲然可睹矣，若是者谓之转注。类谓声类，不谓五百四十部也。首谓声首，不谓凡某之属皆从某也。戴、段诸君说转注为互训，大义炳然。顾不明转注一科，为文字孳乳之要例，乃泛谓“初、哉、首、基、肇、祖、元、胎、俶、落、权舆”训始，并为转注。夫声韵纽位不同，则非建类也；语言根柢各异，则非一首也。十二字中，惟胎与始为转注，自馀则非。虽《说文》窫窒、盖苫之属，展转相解，同意相受则然矣，而非建类一首，犹不得与之转注之名。二君立例过滥，于造字之则既无与，元和朱骏声病之，乃以引伸之义为转注，则六书之经界慢。引伸之义，正许君所谓假借。转注者，繁而不杀，恣文字之孳乳者也；假借者，志而如晦，节文字之孳乳者也。二者消息相殊，正负相待，造字者以为繁省大例。知此者希，能理而董之者鲜矣。

问曰：古有以相反为义，独“乿”训为“治”，《说文》𤔔、亂本与𤔔分。其他若苦为快、徂为存、故为今，今虽习为故常，都无本字。岂古人语言简短，诸言不言非者，皆简略去之邪？答曰：语言之始，义相同者多从一声而变，义相近者多从一声而变，义相对、相反者亦多从一声而变。相同之例，举如前矣，相近者亦以一声转变。若谷不孰为饥，音变则疏不孰为馑。地气发天不应为霿，音变则天气下地不应为霖。人之易气为性，音变则人之叁气为情。妻得声于屮，音变则为妾。如接、捷同声，是其例。娣从弟声，音变则为姪；姪古音本徒结切，与弟双声，弟古音亦可读鬓，正同姪音。红似绛，音亦如绛；栾似栏，音亦如栏；鵰似雁，音亦如雁；雅似乌，音亦如乌；闾似驴，音亦如驴。江、汉、河、淮、沇，四渎之水相似，以双声呼之；吴、嶅、恒、衡、岱，古音如弋。五岳之山相似，以双声呼之。是其则也，相对相反者，亦以一音转变。故先言天，从声以变则为地；先言易，从声以变则为叁；先言古，从声以变则为今；先言始，古音如台。从声以变则为终；今终始之本字。先言疏，从声以变则为数；先言精，音本如青。从声以变则为粗；先言疾，从声以变则为徐；先言来，从声以变则为柱；先言生，从声以变则为死；先言燥，从声以变则为湿；先言加，从声以变则为减；先言消，从声以变则为息；先言锐，从声以变则为钝；先言长，古音在舌头。从声以变则为短；先言规，从声以变则为矩；先言文，从声以变则为武；先言褒，从声以变则为贬；先言男，从声以变则为女；古音在泥纽。先言夫，从声以变则为妇；先言公。古音多借翁为之，则音亦如翁。从声以变则为媪；先言腹，得声于畐，古音如逼。从声以变则为背；先言凭，从声以变则为负；古音如倍，然实借为背。先言本，从声以变则为标。此以双声相转者也。

先言起，从声以变则为止；先言卯，从声以变则为邜；先言寒，从声以变则为暖；先言出，从声以变则为内；先言央，从声以变则为彷；先言斠，本训平，引伸训直，经典以觉较为之。从声以变则为曲；先言新，从声以变则为尘；先言水，从声以变则为火；先言晨，从声以变则为昏；先言旦，从声以变则为晚；先言头，从声以变则为足；先言好，从声以变则为丑；先言老，从声以变则为幼；先言聪，从声以变则为聋；先言受，从声以变则为授；先言祥，从声以变则为殃。此以叠韵相迆者也。

亦有位部皆同，训诂相反者。始为基，终为期、为极；联为叕，断为绝；浊乱为溷，清治为汩；明瀓为洁，艻乱为豐；相类为似，相殊为异；说乐为喜、为憘、为嫛，悲痛为譆；勉力为劝，惰事为券；具食为馔，彻食为馂；馂字《说文》不录，然《礼经》已有之。上升为陟，下降为垫；强力为偲，畏慎为諰；从随为若，本如字。不顺为婼；黠慧为傆，谨敕为愿；益之为员，见《诗·小雅传》，字亦孳乳为覸。《说文》：覸，外博众多视也。减之为损；圜者为规，方者为圭；直修为股，横短为句；有目为明，无目为盲；等画为则，毁则为贼。并以一语相变，既有殊文，故民无眩惑。自馀亦有制字者，然相承多用通借。若"特"为牛父，引伸训独，而《诗传》又训为正，则是读为等夷之等也。"介"为分画，引伸宜引两，而《春秋传》以介特为单数，则是读为孑孓之孑也。苦、徂、故之为快、存、今，亦同斯例，顾终古未制本字耳。若从双声相转之例，虽谓苦借为快、徂借为存、故借为今可也。

理惑论

《说文》录秦汉小篆九千余文，而古文大篆未备。后人抗志慕古，或趋怪妄。余以为求古文者，宜取《说文》独体，观其会通，摄以音训。九千之数，统之无虑三四百名，此则苍颉所始造也。五帝三王之世，改易殊体，今既不获远求遂古，《周礼》故书、《仪礼》古文，有《说文》所未录者，足以补苴缺遗。邯郸淳《三体石经》，作在魏世，去古犹近，其间殊体，若虞字作䖒之类，庶可案录。旁有《陈仓石鼓》，得之初唐，晚世疑为宇文新器，盖非其实，虽叵复见远流，亦大篆之次也。按石鼓不知作于何时，必云宣王所作、史籀所书，固无其征。然大致不相远。四者以外，宜在阙疑之科。

而世人尊信彝器，以为重宝，皮傅形声，曲征经义，顾以《说文》为误，斯亦反矣。彝器之出，自宋始盛，然郭忠恕《汗简》、夏竦《古文四声韵》、王钦若《天书》，即出其间。方士诡伪，固已多矣。且轻用民力，莫如汉魏，浚深穿坚，时时间作。由晋讫隋，土均尚厚，彝器顾少掊得。下及宋世，城郭陂池之役，简于前代，而彝器出土反多。其疑一也。自宋以降，载祀九百，转相积絫，其器愈多。然发之何地，得之何时，起自何役，获自谁手，其事状多不详；就有一二详者，又非众所周见。其疑二也。古之簠簋，咸云竹木所为。管仲镂簋，已讥其侈；而晚世所获，悉是熔金，著录百数，何越礼者之多！其疑三也。祭粢庸器，非匹庶之家所有。至于戈戟刀钺，布在行伍；锜釜耒耨，用之家人。少多之剂，千万相越。然晚世所见者，礼器有余，兵农之器反寡。其疑四也。刀布势轻，失则易坠；钟鼎质重，载之及溺。所以亡国之虚，下有积钱；秦致九鼎，沦入泗水，理之恒也。自馀觯爵簠簋之伦，轻不如钱，重不如鼎，其漂流垫陷盖少，得失之分，未谕其由。其疑五也。

然则吉金著录，宁皆雁器？而情伪相杂，不可审知。必令数器互雠，文皆同体，如丁作●，祖作且，惟作隹之类。斯崔然无疑耳。单文间见，宜所简汰，无取诡效殊文，用相诳耀。故曰索隐行怪，吾弗为之矣。穿凿之徒，务欲立异，自庄述祖、龚自珍，好玩奇辞，文致瑑兆。晚世则吴大澂，尤憙铜器。亦有燔烧饼饵，毁瓦画墁，以相欺绐，不悟伪迹，顾疑经典有讹，《说文》未谛。迨孙诒让，颇检以六书，勿令离局，近校数家，谅为慎密。然彝器刻画，素非精理。形有屈伸，则说为殊体；字有暗昧，而归之缺泐。乃云李斯妄作，叔重豉缪，此盖吾之所未谕也。

又近有掊得龟甲者，文如鸟虫，又与彝器小异。其人盖欺世豫贾之徒,国土可鬻,何有文字?而一二贤儒,信以为质,斯亦通人之蔽。按《周礼》有衅龟之典,未闻铭勒。其余见于《龟策列传》者,乃有白雉之灌、酒脯之礼、梁卵之祓、黄绢之裹,而刻画书契无传焉。假令灼龟以卜,理兆错迎,衅裂自见,则误以为文字,然非所论于二千年之旧藏也。夫骸骨入土,未有千年不坏;积岁少久,故当化为灰尘。龟甲蜃蜄,其质同耳。古者随侯之珠、照乘之宝、琊琭之削、余蚳之贝,今无有见世者矣。足明垩质白盛,其化非远。龟甲何灵,而能长久若是哉!鼎彝铜器,传者非一,犹疑其伪;况于速朽之质,易廷之器。作伪有须臾之便,得者非贞信之人,而群相信以为法物,不其俱欤?

夫治小学者,在乎比次声音,推迹故训,以得语言之本;不在信好异文,广征形体。曩令发玉牒于泰岱,探翩翼于泗渊,万人贞观,不容作伪者,以补七十二家之微文,备铸器象物之遗法,庶亦可矣。若乃奉矫诬之器,信荒忽之文,以与召陵正书相角,斯于六书之学,未有云补。拟之前代,则新垣玉杯之刻,少翁牛腹之书也,宁可与道古邪?

正言论

文言合一,盖时彦所哗言也。此事固未可猝行,藉令行之不得其道,徒令文学日窳。方国殊言,间存古训,亦即随之消亡。以此阎闾烝黎,翩其反矣。余以为文字训故,必当普教国人。九服异言,咸宜撢其本始,乃至出辞之法,正名之方,各得准绳,悉能解谕。当尔之时,诸方别语,庶将斠如画一,安用豫设科条,强施橐括哉!

世人徒见远西诸国文语无殊,遂欲取我华风远同彼土。不悟疆域异形,大小相绝。彼之一国,当我数道,地既狭迫,嘼俗易同;我则经略广员,兼包区夏,刚柔燥湿,风土互殊。其异一也。又彼土常言,多原罗马,乃复杂以土风,雅、郑相贸。借使罗马先民,复生今日,闻彼正音,方当吷为哔嗪。夫以非正为正,则正者谪矣;两在非正之位,则一不独正矣。反观诸夏语言,承之在昔,殊方俚语,各有本株。故执旋机以运大象,得环中以应无穷,比合土训,在其中乎。若枉徇偏方,用为权概,既无雅俗之殊,宁得随情取舍。其异二也。又彼土自曰耳曼以来,仍世朴塞,画革旁行,无过移书声气,虽有增华,离质非远。我则口耳竹帛,文质素殊。今若以语代文,便将废绝诵读;若以文代语,又令丧失故言。文语交困,未见其益。其异三也。

世方瞀惑,余之所怀,旦莫难遂。犹愿二三知德君子,考合旧文,索寻古语,庶使夏声不坠;万民以察,芳泽所被,不亦远乎?

今以纽韵正音,料简州国。讹音变节,随在而有;妙契中声,亦或独至。明当以短长相覆,为中国正音。既不可任偏方,亦不合慕京邑。其表如左方:

浊音去声变清音界:

直隶、山东、河南、山西。

清音去声变浊音界:

湖北、湖南、广东、广西、福建。

浊音上声变去声界:

除浙江嘉兴、湖州二府,他处皆然。

去声不别影喻二纽界:

除江南、浙江,他省皆然。

上声似平界:

陕西。

入声似去界:

直隶、山东、河南、山西。

舌上音归舌头界：

福建。

舌上音归喉音界：

广东。

舌上音变正齿界：

江南、浙江、广东、湖南、广西、云南、贵州。

轻唇音归牙音界：

除广东，他省多有。

牙音误轻唇音界：

广东。

喉音误齿头音界：

广东。

齿头音归喉音界：

各省多有。

齿头音变正齿音界：

各省多有。

匣纽变喻纽界：

浙江。

疑纽误娘纽界：

除广东，他省多有。

泥纽变娘纽界：

除云南、贵州，他省多有。

泥纽变来纽界：

直隶、山东、河南、江苏北部、安徽北部。

弹舌音变来纽界：

安徽北部。

弹舌音误禅纽界：

江南、浙江、江西、湖南、云南、贵州、广东。

鱼韵误支韵界：

云南、贵州、广东。

鼻音收舌、收唇无别界：

除广东，他省皆然。

东、冬二韵无别界：

除湖南、江西、安徽，他省皆然。

青、真二韵无别界：

除广东，他省皆然。

真、谆二韵无别界：

除岭北诸省,迤南诸省皆然。

江、阳二韵无别界:

除江西,他省皆然。

术、物等韵误入模韵界:

直隶、河南、湖北、湖南。

麻韵乱佳韵界:

除江苏江宁府、浙江绍兴府,他处皆然。

麻韵误先韵、幽韵界:

除浙江、江西、湖南、广东,他省皆有。

---

① "《释宫》",应为"《释木》"。
② 毕沅据《书·牧誓》释文引补为"今日车声近舍"。
③ "《夏官序官注》",应为"《秋官序官注》"。

中卷　文学七篇

文学总略

文学者，以有文字著于竹帛，故谓之文。论其法式，谓之文学。凡文理、文字、文辞，皆称文。言其采色发扬谓之彣，以作乐有阕，施之笔札谓之章。《说文》云："文，错画也，象交文。""章，乐竟为一章。""彣，馘也。""彰，文彰也。"或谓"文章"当作"彣彰"，则异议自此起。《传》曰："博学于文。"不可作"彣"。《雅》曰："出言有章。"不可作"彰"。古之言文章者，不专在竹帛讽诵之间。孔子称尧、舜，"焕乎其有文章"，盖君臣朝廷尊卑贵贱之序，车舆衣服宫室饮食嫁娶丧祭之分，谓之文；八风从律，百度得数，谓之章。文章者，礼乐之殊称矣。其后转移施于篇什，太史公记博士平等议曰："谨案诏书律令下者，文章尔雅，训辞深厚。"《儒林列传》。此宁可书作"彣彰"耶？独以五采彰施五色，有言黻、言黼、言文、言章者，宜作"彣彰"。然古者或无其字，本以"文章"引伸。今欲改"文章"为"彣彰"者，恶夫冲淡之辞，而好华叶之语，违书契记事之本矣。孔子曰："言之无文，行而不远。"盖谓不能举典礼，非苟欲润色也。《易》所以有《文言》者，梁武帝以为"文王作《易》"，孔子遵而修之，故曰《文言》"。非矜其采饰也。夫命其形质曰文，状其华美曰彣，指其起止曰章，道其素绚曰彰，凡彣者必皆成文，凡成文者不皆彣，是故摧论文学，以文字为准，不以彣彰为准。今举诸家之法，商订如左方。

《论衡·超奇》云："能说一经者为儒生，博览古今者为通人，采掇传书以上书奏记者为文人，能精思著文连结篇章者为鸿儒。"又曰："州郡有忧，有如唐子高、谷子云之吏，出身尽思，竭笔牍之力，烦忧适有不解者哉！"又曰："长生死后，州郡遭忧，无举奏之吏。以故事结不解，征诣相属，文轨不尊，笔疏不续也。岂无忧上之吏哉？乃其中文笔不足类也。"又曰："若司马子长、刘子政之徒，累积篇第，文以万数，其过子云、子高远矣；然而因成前纪，无匈中之造。若夫陆贾、董仲舒，论说世事，由意而出，不假取于外；然而浅露易见，观读之者犹曰传记。阳成子长作《乐经》，杨子云作《大玄经》，造于助思，极睿冥之深，非庶几之才，不能成也。桓君山作《新论》，论世间事，辩照然否，虚妄之言，伪饰之辞，莫不证定。彼子长、子云论说之徒，君山为甲。自君山以来，皆为鸿眇之才，故有嘉令之文。"准此，文与笔非异涂，所谓文者，皆以善作奏记为主。自是以上，乃有鸿儒。鸿儒之文，有经、传、解故、诸子，彼方目以上第，非若后人摈此于文学外，沾沾焉惟华辞之守，或以论说、记序、碑志、传状为文也。独能说一经者，不在此列，谅由学官弟子，曹偶讲习，须以发策决科，其所撰著，犹今经义而已，是故遮列使不得与也。

　　自晋以降，初有文笔之分。《文心雕龙》云："今之常言，有文有笔，有韵者文也，无韵者笔也。"然《雕龙》所论列者，艺文之部，一切并包。是则科分文笔，以存时论，故非以此为经界也。昭明太子序《文选》也，其于史籍，则云"事异篇章"；其于诸子，则云"不以能文为贵"。此为衰次总集，自成一家，体例适然，非不易之定论也。若以文笔区分，《文选》所登，无韵者固不少。若云文贵其彣耶，未知贾生《过秦》、魏文《典论》，同在诸子，何以独堪入录？有韵文中，既录汉祖《大风》之曲，即《古诗十九首》亦皆入选，而汉晋乐府，反有佚遗。是其于韵文也，亦不以节奏低卬为主，独取文采斐然，足耀观览，又失韵文之本矣。是故昭明之说，本无以自立者也。案《晋书·乐广传》：请潘岳为表，便成名笔。《成公绥传》：所著诗赋杂笔十余卷。《张翰传》：文笔数十篇行施世。《曹毗传》：所著文笔十五卷。《王珣传》：珣梦人以大笔如椽与之，既觉，语人曰，"此当有大手笔事。"俄而帝崩，哀册谥议，皆珣所草。《南史·任昉传》：既以文才见知，时人云任笔沈诗。《徐陵传》：国家有大手笔，必命陵草之。详此诸证，则文即诗赋，笔即杂文，乃当时恒语。阮元之徒猥谓俪语为文，单语为笔。任昉、徐陵所作，可云非俪语邪？

近世阮元以为孔子赞《易》，始著《文言》，故文以耦俪为主，又牵引文笔之说以成之。夫有韵为文，无韵为笔，是则骈散诸体，一切是笔非文，借此证成，适足自陷。既以《文言》为文，《序卦》《说卦》又何说焉？且文辞之用，各有体要。《彖》《象》为占繇，占繇故为韵语；《文言》《系辞》为述赞，述赞故为俪辞；《序卦》《说卦》为目录笺疏，目录笺疏故为散录。必以俪辞为文，何缘《十翼》不能一致？岂波澜既尽，有所谢短乎？或举《论语》言"辞达"者，以为文之与辞，划然异职。然则《文言》称文，《系辞》称辞，体格未殊，而题号有异，此又何也？董仲舒云"春秋文成数万"，兼彼经传，总称为文，犹曰今文家曲说然也；《太史公自序》亦云"论次其文"，此固以史为文矣。又曰："汉兴，萧何次律令，韩信申军法，张苍为章程，叔孙通定礼仪，则文学彬彬稍进。"此非耦俪之文也。屈、宋、唐、景所作，既是韵文，亦多俪语，而《汉书·王褒传》已有

《楚辞》之目。王逸仍其旧题，不曰楚文，斯则韵语耦语，亦既谓之辞矣。《汉书·贾谊传》云："以属文称于郡中。"其文云何，若云赋也，《惜誓》载于《楚辞》，文辞不别；若云奏记条议，适彼之所谓辞也。《司马相如传》云："景帝不好辞赋。"《法言·吾子》云："诗人之赋丽以则，辞人之赋丽以淫。或问君子尚辞乎？曰，君子事之为尚，事胜辞则伉，辞胜事则赋，事辞称则经。"以是见韵文耦语，并得称辞，无文辞之别也。且文辞之称，若从其本以为部署，则辞为口说，文为文字。古者简帛重烦，多取记臆，故或用韵文，或用耦语，为其音节谐适，易于口记，不烦纪载也。战国从横之士，抵掌摇唇，亦多积句，是则耦丽之体，适可称职。乃如史官方策，有《春秋》《史记》《汉书》之属，适当称为文耳。由是言之，文辞之分，反覆自陷，可谓大惑不解者矣。

或言学说、文辞所由异者，学说以启人思，文辞以增人感，此亦一往之见也。何以定之？凡云文者，包络一切著于竹帛者而为言，故有成句读文，有不成句读文，兼此二事，通谓之文。局就有句读者，谓之文辞；诸不成句读者，表谱之体，旁行邪上，条件相分，会计则有簿录，算术则有演草，地图则有名字，不足以启人思，亦又无以增感，此不得言文辞，非不得言文也。诸成句读者，有韵无韵分焉。诸在无韵，史志之伦，记大傀异事则有感，记经常典宪则无感,既不可齐一矣。持论本乎名家,辨章然否,言称其志,未足以动人也。《过秦》之伦,辞有枝叶,其感人顾深挚,则本诸从横家。然其为论一也,不可以感人者为文辞,不感者为学说。就言有韵,其不感人者亦多矣。《风》、《雅》、《颂》者,盖未有离于性情,独赋有异。夫宛转俍隐,赋之职也。儒家之赋,意存谏诫,若荀卿《成相》一篇,其足以感人安在?乃若原本山川,极命草木,或写都会城郭游射郊祀之状,若相如有《子虚》,扬雄有《甘泉》、《羽猎》、《长杨》、《河东》,左思有《三都》,郭璞、木华有《江》、《海》,奥博翔实,极赋家之能事矣,其亦动人哀乐未也?其专赋一物者,若孙卿有《蚕赋》、《箴赋》,王延寿有《王孙赋》,祢衡有《鹦鹉赋》,侔色揣称,曲成形相,嫠妇孽子,读之不为泣,介胄戎士,咏之不为奋,当其始造,非自感则无以为也,比文成而感亦替,此不可以一端论也。且学说者,独不可感人耶?凡感于文言者,在其得我心。是故饮食移味居处缊愉者,闻劳人之歌,心犹怕然。大愚不灵无所愤悱者,睹眇论则以为恒言也。身有疾痛,闻幼眇之音,则感概随之矣。心有疑滞,睹辨析之论,则悦怿随之矣。故曰:"发愤忘食,乐以忘忧。"凡好学者皆然,非独仲尼也。以文辞、学说为分者,得其大齐,审察之则不当。

如上诸说,前之昭明,后之阮氏,持论偏颇,诚不足辩。最后一说，以学说、文辞对立，其规摹虽少广，然其失也，只以彣彰为文，遂忘文字，故学说不彣者，乃悍然摈诸文辞之外。惟《论衡》所说，略成条贯。《文心雕龙》张之，其容至博，顾犹不知无句读文，此亦未明文学之本柢也。余以书籍得名，实冯傅竹木而起，以此见言语文字，功能不齐。世人以"经"为"常"，以"传"为"转"，以"论"为"伦"，此皆后儒训说，非必睹其本真。案"经"者，编丝缀属之称，异于百名以下用版者。亦犹浮屠书称"修多罗"，"修多罗"者，直译为"线"，译义为"经"。盖彼以贝叶成书，故用线联贯也；此以竹简成书，亦编丝缀属也。"传"者，"专"之假借。《论语》"传不习乎"，《鲁》作"专不习乎"。《说文》训专为"六寸簿"，簿即手版，古谓之忽，今作笏。"书思对命"，以备忽忘，故引伸为书籍记事之称。书籍名簿，亦名为专。专之得名，以其体短，有异于经。郑康成《论语序》云："《春秋》二尺四寸，《孝经》一尺二寸，《论语》八寸。"此则专之简策，当复短于《论语》，所谓六寸者也。《汉·艺文志》言：刘向校中古文《尚书》，有一简二十五字者。而服虔注《左氏传》则云：古文篆书，一简八字。盖二十五字者，二尺四寸之经也，八字者，六寸之传也。古官书皆长二尺四寸，故云二尺四寸之律。举成数言，则曰三尺法。经亦官书，故长如之，其非经律，则称短书。皆见《论衡》。"论"者，古但作"仑"，比竹成册，各就次第，是之谓仑。萧亦比竹为之，故

"侖"字从"仑",引伸则乐音有秩亦曰仑,"于论鼓钟"是也;言说有序亦曰仑,"坐而论道"是也。《论语》为师弟问答,乃亦略记旧闻,散为各条,编次成帙,斯曰《仑语》。是故绳线联贯谓之经,簿书记事谓之专,比竹成册谓之仑,各从其质以为之名。亦犹古言"方策",汉言"尺牍",今言"札记"也。虽古之言"肄业"者。《左氏传》:臣以为肄业及之也。亦谓肄版而已。《释器》云:"大版谓之业。"书有篇第,而习者移书其文于版,学童习字用觚,觚亦版也。故云肄业。《管子·宙合》云:"退身不舍端,修业不息版。"以是征之,则肄业为肄版明矣。凡此皆从其质为名,所以别文字于语言也。其必为之别何也? 文字初兴,本以代声气,乃其功用有胜于言者。言语仅成线耳,喻若空中鸟迹,甫见而形已逝,故一事一义得相联贯者,言语司之。及夫万类坌集,棼不可理,言语之用,有所不周,于是委之文字。文字之用,足以成面,故表谱图画之术兴焉,凡排比铺张,不可口说者,文字司之。及夫立体建形,向背同现,文字之用,又有不周,于是委之仪象。仪象之用,足以成体,故铸铜雕木之术兴焉,凡望高测深不可图表者,仪象司之。然则文字本以代言,其用则有独至,凡无句读文,皆文字所专属者也,以是为主。故论文学者,不得以兴会神旨为上。昔者文气之论,发诸魏文帝《典论》,而韩愈、苏辙窃焉。文德之论,发诸王充《论衡》,《论衡·

佚文》篇：文德之操为文。又云：上书陈便宜，奏记荐吏士，一则为身，二则为人。繁文丽辞，无文德之操，治身完行，徇利为私，无为主者。杨遵彦依用之，《魏书·文苑传》：杨遵彦作《文德论》，以为古今辞人，皆负才遗行，浇薄险忌，唯邢子才、王元景、温子昇彬彬有德素。而章学诚窃焉。气非窜突如鹿豕，德非委蛇如羔羊，知文辞始于表谱簿录，则修辞立诚其首也，气乎德乎，亦末务而已矣。

《文选》之兴，盖依乎挚虞《文章流别》，谓之总集。《隋书·经籍志》曰："总集者，以建安之后，辞赋转繁，众家之籍，日以孳广，晋代挚虞，苦览者之劳倦，于是芟翦繁芜，自诗赋下，各为条贯，合而编之，谓之《流别》。"然则李充之《翰林论》，刘义庆之《集林》，沈约、丘迟之《集钞》，放于此乎。《七略》惟有诗赋，及东汉铭诔论辩始繁，荀勖以四部变古，李充、谢灵运继之，则集部自此著。总集者，本括囊别集为书，故不取六艺、史传、诸子，非曰别集为文，其他非文也。《文选》上承其流，而稍入《诗序》、《史赞》、《新书》、《典论》诸篇，故名不曰《集林》、《集钞》，然已痡矣。其序简别三部，盖总集之成法，顾已迷误其本，以文辞之封域相格，虑非挚虞、李充意也。《经籍志》别有《文章英华》三十卷，《古今诗苑英华》十九卷，皆昭明太子撰，又以诗与杂文为异，即明昭明义例不纯，《文选序》率尔之言，不为恒则。且总别集与他书经略不定，更相阑入者有之矣。今以《隋志》所录总集相稽，自《魏朝杂诏》而下讫《皇朝陈事诏》，凡十八家百四十六卷；自《上法书表》而下讫《后周与齐军国书》，凡七家四十一卷；而《汉高祖手诏》，匡衡、王凤、刘隗、孔群诸家奏事，书既亡佚，复傅其录。然《七略》高祖、孝文诏策，悉在诸子儒家，《奏事》二十卷隶《春秋》，此则总集有六艺、诸子之流矣。陈寿定诸葛亮故事，命曰《诸葛氏集》，然其目录有《权制》、《计算》、《训厉》、《综核》、《杂言》、《贵和》、《兵要》、《传运》、《法检》、《科令》、《军令》诸篇，《魏氏春秋》言"亮作《八务》、《七戒》、《六恐》、《五惧》，皆有条章，以训厉臣子"。若在往古，则《商君书》之流，而《隋志》亦在别集，故知集品不纯，选者亦无以自理。阮元之伦，不悟《文选》所序，随情涉笔，视为经常，而例复前后错迕。曾国藩又杂钞经史百家，经典成文，布在方策，不虞溃散，钞将何为？若知文辞之体，钞选之业，广狭异涂，庶几张之弛之，并明而不相害。凡无句读文，既各以专门为业，今不缕论。有句读者，略道其原流利病，分为五篇，非曰能尽，盖以备常文之品而已。其赠序寿颂诸品，既不应法，故弃捐弗道尔。

原　经

古之为政者，"必本于天，殽以降命，命降于社之谓殽地，降于祖庙之谓仁义,降于山川之谓兴作,降于五祀之谓制度"。故诸教令符号谓之经。輓世有章学诚,以经皆官书,不宜以庶士僭拟,故深非杨雄、王通。案《吴语》称"挟经秉枹",兵书为经。《论衡·谢短》曰"五经题篇,皆以事义别之,至礼与律独经也",法律为经。《管子》书有经言、区言;教令为经,说为官书诚当。然《律历志》序庖牺以来帝王代禅,号曰《世经》;辨疆域者有《图经》,挚虞以作《畿服经》也。见《隋书·经籍志》。经之名广矣。仲尼作《孝经》,汉《七略》始傅六艺,其始则师友雠对之辞,不在邦典。《墨子》有《经上、下》,贾谊书有《容经》,韩非为《内储》、《外储》,先次凡目亦楬署经名。《老子》书至汉世,邻氏复次为《经传》;孙卿引《道经》,曰"人心之危,道心之微",《道经》亦不在六籍中。此则名实固有施易,世异变而人殊化,非徒方书称经云尔。

学诚以为六经皆史,史者固不可私作。然陈寿、习凿齿、臧荣绪、范晔诸家,名不在史官,或已去职,皆为前修作年历纪传。陈寿在晋为著作郎,著作郎本史官,然成书在去官后,故寿卒后乃就家写其书。又寿于《高贵乡公·陈留王传》中三书司马炎,一书抚军大将军新昌乡侯炎,一书晋太子炎,武帝现在,而斥其名,岂官书之体也?寿又尝作《古国志》五十篇,《三国志》盖亦其类耳。太史公虽废为埽除隶,《史记》未就,不以去官辍其述作。班固初草创《汉书》,未为兰台令史也；人告固私改作国史，有诏收固，弟超驰诣阙上书，乃召诣校书部，终成前所著书。令固无累绁之祸，成书家巷，可得议耶？且固本循父彪所述，彪为徐令病免，既篡后篇，不就而卒。假令彪书竟成，敷文华以纬国典，虽私作何所訾也！陆贾为《楚汉春秋》，名拟素王；新汲令王隆为小学《汉官篇》，依拟《周礼》，以知旧制仪品；孔衍又次《汉魏尚书》，《世儒》《书仪》《家礼》诸篇，亦悉规摹《士礼》。此皆不在官守，而著书与六艺同流，不为僭拟。诸妄称者，若《东观汉记》署太史官，虽奉诏犹当绝矣。《文选·西征赋》注引：《东观汉记》太史官曰：票骇蓬转，因遇际会；又太史曰：忠臣毕力。是其论赞亦称太史。然后汉太史已不主记载，《汉记》实非太史所为，署之为妄。

且夫治历明时，羲和之官也；关石和钧，大师之所秉也。故周公作《周髀算经》，张苍以计相定章程，而次《九章算术》，然后人亦自为律历筹算之书，以讥王官失纪。《明堂》《月令》，授时之典，民无得奸焉，而崔寔亦为《四民月令》。古之书名，掌之行人保氏，故史籀在官则为之，李斯、胡毋敬在官则为之；及汉有《凡将》《训纂》，即非王官之职。许叔重论撰《说文解字》，自尔有吕忱、顾野王诸家，持续不绝，世无咎其僭拟者。吴景帝、唐天后位在考文，而造作异形，不合六书，适为世所鄙笑。今《康熙字典》依是也。古之姓氏，掌之司商，其后有《世本》，然今人亦自为谱录。林宝承诏作《元和姓纂》，言不雅驯，见驳于邓名世。以是比况，古之作者，创制而已；后生依其式法条例则是，畔其式法条例则非，不在公私也。王通作《元经》，匡其简陋与逢迎索虏，斯诐已。谓不在史官不得作，陆贾为《楚汉春秋》，孙盛为《晋阳秋》，习凿齿为《汉晋春秋》，何因不在诛绝之科？学诚驳汪琬说，云布衣得为人作传，既自倍其官守之文，又甚裁抑王通。准其条法，仲尼则国老耳，已去司寇，出奔被征，非有一命之位、儋石之禄，其作《春秋》亦僭也。杨雄作《太玄》拟《易》，儒者比于吴楚僭王，谓其非圣人，不谓私作有诛也。雄复作《乐》四篇，见《艺文志》。是时阳成子长亦为《乐经》，见《论衡·超奇》篇。儒者不讥，独讥《太玄》，已过矣。

《易》之为书，广大悉备，然常用止于别著布卦。《春官》："太卜掌三兆之法，一曰玉兆，二曰瓦兆，三曰原兆；其经兆之体，皆百有二十，其颂皆千有二百。掌三易之法，一曰连山，二曰归藏，三曰周易；其经卦皆八，其别皆六十有四。掌三梦之法，一曰致梦，二曰觭梦，三曰咸陟；其经运十，其别九十。"仲尼赞《易》而《易》独贵，其在旧法世传之史，则筮书与卜梦等夷。《数术略》著龟家有《龟书》、《夏龟》、《南龟书》、《巨龟》、《杂龟》，杂占家有《黄帝长柳占梦》、《甘德长柳占梦》，书皆别出，虽《易》亦然。是故《六艺略》有《易经》十二篇，《数术略》著龟家复有《周易》三十八卷，此为周世既有两《易》，犹《逸周书》七十一篇别在《尚书》外也。左氏说秦伯伐晋，筮卦遇蛊，曰，千乘三去，三去之余，获其雄狐。成季将生，筮遇大有之乾，曰，同复于父，敬如君所。说者或云是连山、归藏，或云筮者之辞。寻连山、归藏卦名或异《周易》。筮者占卦，其语当指切事情，知皆非也，宜在三十八卷中。盖《易》者，务以占事知来，惟变所适，不为典要。故周世既有二家驳文，韩宣子"观书于太史氏，见《易象》与《鲁春秋》，曰：周礼尽在鲁矣"。尚考九流之学，其根极悉在有司，而易亦掌之太卜。同为周礼，然非礼器制度符节玺印幡信之属不可刊者。故周时《易》有二种，与《连山》、《归藏》而四。及汉杨雄犹得搴略为之，是亦依则古初，不愆于素。学诚必以公私相格，是九流悉当燔烧，何独《太玄》也！

《晋书·束皙传》言汲郡人不准盗发魏襄王墓，得《易经》二篇，与《周易》上下经同，《易繇阴阳卦》二篇，与《周易》略同，繇辞则异，卦下经一篇，似说卦而异。《易繇阴阳卦》者，亦三十八卷之伦。以是知姬姓未亡，玉步未改，而《周易》已分析为数种。桐城姚际恒不晓《周易》有异，乃云魏文侯最好古，魏冢无《十翼》，明《十翼》非仲尼作。然则《易繇阴阳卦》者，顾仲尼所为三绝韦编以求寡过者耶。凡说古艺文者，不观会通，不参始末，专以私意揣量，随情取舍，上者为章学诚，下者为姚际恒，疑误后生多矣。自

《太玄》推而极之，至于他书，其类例悉准是，外有经方、相人、形法之属。至于释、道，其题号皆曰"经"，学诚所不讥。诚格以官书之律，释者有修多罗，传自异域，与诸夏异统，不足论；道士者，亦中国之民，何遽自恣？而老子又非道士所从出也，本出史官，与儒者非异教，故其徒庄周犹儒服。见《庄子·说剑》篇。儒家称经即悖，而道家称经即无悖，墨子、韩子准此。何其自相伐也？

章炳麟曰：老聃、仲尼而上，学皆在官；老聃、仲尼而下，学皆在家人。正今之世，封建已绝矣，周秦之法已朽蠹矣，犹欲拘牵格令，以吏为师，以宦于大夫为学。一日欲修方志以接衣食，则言家传可作，援其律于《东方》、《管辂》诸传，其书乃远在杨雄后。旧目《七略》，今目四部，自为《校雠通义》，又与四库官书龃龉；既薄宋儒，又言诵六艺为遵王制。时制五经在学官者，《易》、《诗》、《书》皆取宋儒传注，则宋儒亦不可非。诸此条例，所谓作法自毙者也。

问者曰：经不悉官书，今世说今文者，以六经为孔子作，岂不然哉？应之曰：经不悉官书，官书亦不悉称经。《史籀篇》、《世本》之属。《易》、《诗》、《书》、《礼》、《乐》、《春秋》者，本官书，又得经名。孔子曰："述而不作，信而好古。"明其亡变改。其次《春秋》，以《鲁史记》为本，犹冯依左丘明。左丘明者，鲁太史。见《艺文志》。然则圣不空作，因当官之文。《春秋》、《孝经》，名实固殊焉。《春秋》

称经,从本名;《孝经》称经,从施易之名。孟子曰:"王者之迹息而诗
亡,诗亡然后《春秋》作。"迹息者,谓《小雅》废;诗亡者,谓正雅、正
风不作。见《说大疋小疋》。《诗序》曰:文武以《天保》以上治内,
《采薇》以下治外。《六月》者,宣王北伐,《小雅》之变,自此始也。
其《序》通言正雅二十二篇废而王道缺,终之曰:"小雅尽废,则四
夷交侵,中国微矣。"国史之有编年,宜自此始。故太史公录《十二
诸侯年表》,始于共和,明前此无编年书。《墨子·明鬼》篇引周、
燕、齐、宋四国《春秋》,三事皆在隐、桓以下。《周春秋》乃记杜伯
射宣王事,宣王以上,欲明鬼,其征独有《诗》、《书》。明始作《春
秋》者,为宣王太史。盖大篆布而《春秋》作,五十凡例,尹吉甫、史
籀之成式,非周公著也。晋羊舌肸习于《春秋》则为《乘》,楚士亹
教太子《春秋》则为《梼杌》。孟子曰:"晋之《乘》,楚之《梼杌》,鲁
之《春秋》,一也。"惑者不晓论篹之科,不铨主客。文辞义理,此
也;典章行事,彼也;一得造,一不得造。今以仲尼受天命为素王,
变易旧常,虚设事状,以为后世制法。且言左氏与迁、固皆史传,
而《春秋》为经,经与史异。刘逢禄、王闿运、皮锡瑞,皆同此说。

　　盖素王者,其名见于《庄子》,《天下》篇。责实有三。伊尹陈九
主素王之法,守府者为素王;庄子道玄圣素王,无其位而德可比于
王者;太史公为素王眇论,多道货殖。其《货殖列传》已著素封,无

其位，有其富厚崇高，小者比封君，大者拟天子。此三素王之辨也。仲尼称素王者，自后生号之。王充以桓谭为素丞相，非谭生时以此题署，顾言端门受命，为汉制法。循是以言，桓谭之为《新论》，则为魏制法乎。《春秋》二百四十二年之事，不足尽人事蕃变，典章亦非具举之，即欲为汉制法，当自作一通书，若贾生之草具仪法者。后世王冕、黄宗羲之徒亦尝为此。今以不尽之事，寄不明之典，言事则害典，言典则害事。令人若射覆探钩，卒不得其翔实。故有公羊、穀梁、驺、夹之《传》，为说各异。是则为汉制惑，非制法也。言《春秋》者，载其行事，宪章文武，下遵时王，惩恶而劝善，有之矣，制法何与焉！经与史自为部，始晋荀勖为《中经簿》，以甲乙丙丁差次，非旧法。《七略》《太史公书》在《春秋》家，其后东观、仁寿阁诸校书者，若班固、傅毅之伦，未有变革，讫汉世依以第录。虽今文诸大师，未有经史异部之录也。今以《春秋》经不为史，自俗儒言之即可，刘逢禄、王闿运、皮锡瑞之徒，方将规摹皇汉，高世比德于十四博士，而局促于荀勖之见。荀勖分四部，本已凌杂，丙部录《史记》，又以《皇鉴》与之同次，无友纪，不足以法。后生如王俭，犹规其过。据《隋书·经籍志》，王俭撰《七志》，一曰《经典志》，纪六艺、小学、史记、杂传；二曰《诸子志》，纪今古诸子；三曰《文翰志》，纪诗赋；四曰《军书志》，纪兵书；五曰《阴阳志》，纪阴阳图纬；六曰《术艺志》，纪方技；七曰《图谱志》，纪地域及图书，其道佛附见，合九条。然则《七志》本同《七略》，但增图谱、道佛耳。其以六艺、小学、史记、杂传同名为《经典志》，而出图纬使入阴阳，卓哉！二刘以后，一人而已。今陈荀勖之法于石渠、白虎诸老之前，非直古文师诮之，唯今文师亦安得闻是语乎！今文家所贵者，家法也；博士固不知有经史之分，则分经史者与家法不相应。夫《春秋》之为志也，董仲舒说之，以为上明三王之道，下辩人事之纪，万物之散聚皆在《春秋》。然太史公自叙其书，亦曰"厥协六经异传，整齐百家异语"，"俟后世圣人君子"。班固亦云，凡《汉书》，"穷人理，该万方，纬六经，缀道纲，总百氏，赞篇章"。其自美何以异《春秋》？《春秋》有义例，其文微婉。迁、固亦非无义例也；迁、陈寿微婉志晦之辞尤多。太山、梁父，崇卑虽异哉，其类一矣。

然《春秋》所以独贵者，自仲尼以上，《尚书》则阔略无年次，百国《春秋》之志，复散乱不循凡例。又亦藏之故府，不下庶人，国亡则人与事偕绝。太史公云：《史记》独藏周室，以故灭。此其效也。是故本之吉甫《史籀》，纪岁时月日，以更《尚书》，传之其人，令与《诗》、《书》、《礼》、《乐》等治，以异百国《春秋》，然后东周之事，粲然著明。令仲尼不次《春秋》，今虽欲观定、哀之世，求五伯之迹，尚荒忽如草昧。夫发金匮之藏，被之萌庶，令人人不忘前王,自仲尼、左丘明始。且苍颉徒造字耳,百官以治,万民以察,后嗣犹蒙其泽。况于年历晻昧,行事不彰,独有一人抽而示之,以诒后嗣。令迁,固得持续其迹,讫于今兹,则耳孙小子,耿耿不能忘先代;然后民无携志,国有与立,实仲尼、左丘明之赐。故《春秋》者,可以封岱宗、配无极。今异《春秋》于史,是犹异苍颉于史籀、李斯,只见惑也。盖生放勋重华之世者,不知帝力所以厚;生而策肥马乘坚车者,亦不识先人作苦。今中国史传连蕰,百姓与知,以为记事不足重轻,为是没丘明之劳,谓仲尼不专记录。藉令生印度、波斯之原,自知建国长久,文教浸淫,而故记不传,无以褒大前哲,然后发愤于宝书,哀思于国命矣。余数见印度人,言其旧无国史,今欲搜集为书,求杂史短书以为之质,亦不可得。语辄扼腕。彼今文家特未见此尔。汉世五经家既不逆睹,欲以经术干禄,故言为汉制法。卒其官号、郡县、刑辟之制,本之秦氏;为汉制法者,李斯也,非孔子甚明。近世缀学之士,又推孔子制法讫于百世。法度者,与民变革,古今异宜,虽圣人安得豫制之?《春秋》言治乱虽繁,识治之原,上不如老聃、韩非,下犹不逮仲长统。故曰:"《春秋》经世,先王之志,圣人议而不辩。"《庄子·齐物论》语。经犹纪也,三十年为一世,经世犹纪年耳。志即史志之志,世多误解。明其藏往,不亟为后王仪法。《左氏》有议,至于《公羊》而辩。范武子云,《公羊》辩而裁。

持《繁露》之法以谒韩非、仲长统，必为二子笑矣。夫制法以为汉则隘，以为百世则夸。世欲奇伟尊严孔子，顾不知所以奇伟尊严之者。

章炳麟曰：国之有史久远，则亡灭之难。自秦氏以讫今兹，四夷交侵，王道中绝者数矣。然撢者不敢毁弃旧章，反正又易。藉不获济，而愤心时时见于行事，足以待后。故令国性不堕，民自知贵于戎狄，非《春秋》孰维纲是？《春秋》之绩，其什佰于禹耶。禹不治洚水，民则溺，民尽溺，即无苗裔，亦无与俱溺者。孔子不布《春秋》，前人往，不能语后人，后人亦无以识前。乍被侵略，则相安于舆台之分。《诗》云："宛其死矣，他人是偷。"此可为流涕长潸者也。然则继魏而后，民且世世左衽，而为羯胡鞭挞，其憯甚于一朝之溺。《春秋》之况烝民，比之天地，亡不帱持，岂虚誉哉？何取神怪之说，不征之辞，云为百世制法乎。又其诬者，或言孔子以上，世顓顓无文教，故六经皆孔子臆作，不竟有其事也。即如是，墨翟与孔子异流，时有姗剌，今亦上道尧、舜，称诵《诗》、《书》，何哉？三代以往，人事未极，民不知变诈之端，故帝王或以权数罔下。若其节族著于官府，礼俗通于烝民者，则史职固有常矣，书契固有行矣，四民固有列矣，宫室固有等矣，械器固有度矣，历数固有法矣，刑罚固有服矣，约剂固有文矣，学校固有师矣，歌舞固有节矣。彼以远西质文之世相拟，远西自希腊始有文教，其萌芽在幽、平间；因推成周以上，中国亦朴陋如麋鹿。此类缪见，自江慎修已然。自有天地以至今日，年历长短，本无可校，而慎修独信彼教纪年，谓去今财五六千岁。因谓唐虞之视开辟，亦如今日之视秦汉。假令彼中记载，录自史官，自相传授，犹或可信。今则录在神教之书，而或上稽他国，他国之数，岂无彼教所未闻，安知不有远在其前者？神教之言，本多诬妄。然则管仲所谓七十二君，虽非经典所载，不视神教犹可信乎。夫文教之先后，国异世，州殊岁，不得一剂。若夫印度文教之端，始自吠陀，距今亦四千年，不与希腊同流化。巴比伦、埃及、补多之属，琐琐天爱，不足齿录。必欲使一剂者，大食自隋世始有文教；推此以方中国，复可云八代行事，自王劭、牛弘臆为之也。

问者曰：孔子诚不制法，《王制》诸篇，何故与《周礼》异？应之曰：《周礼》者，成周之典。周世最长，事异则法度变。重以厉王板荡，纲纪大乱，畴人子弟分散。见历书。畴人者，世其父业，汉世谓之畴官。非专谓治历者。《周礼》虽有凡要，其孅悉在畴人。畴人亡则不能举其事，虽欲不变无由。故左氏言春秋时制，既不悉应《周官》。其后天下争于战国，周道益衰，礼家横见当时之法，以为本制。若《王度记》言天子驾六，则见当时六骥之制也。按孙卿言六骥，又言六马仰秣，是当时固有驾六之法。然此事盖起春秋之末，故《说苑·正谏》篇云，景公正昼被发乘六马御妇人以出正闱。《祭法》言七祀五祀，则见楚有国殇、司命之祭也。别有说。又以儒书所说夏殷故事转相傅丽，讫秦用驺子五胜，命官立度，皆往往取符应。汉初古文家如张苍，犹不能脱，况濡于口说者。汉世古文家，惟《周礼》杜、郑，《诗》毛公，契合法制，又无神怪之说。郑君笺注，则已凌杂纬候。《春秋》左氏、《易》费氏本无奇邪，而北平侯已谱五德，贾侍中亦傅会《公羊》，并宜去短取长者也。荀、郑之《易》，则与引《十翼》以解经者大异，犹赖王弼匡正其违。《书》孔氏说已不传。太史公、班孟坚书，时见大略，说皆平易。五行志中，不见古文《尚书》家灾异之说，然其他无以明焉。《洪范》、《左氏》时兼天道，然就之疏通以见当时巫史之说可也，不得以为全经大义所在。刘子骏推左氏日食变怪之事，傅之五行，则后生所不当道也。大氏古文家借今文以成说者，并宜简汰去之，以复其真。其在今文，《易》京氏、《书》大小夏侯、《诗》辕固、《春秋》公羊氏，妖妄之说最多。《鲁诗》、《韩诗》虽无其迹，然《异义》言《诗》齐、鲁、韩，皆谓圣人感天而生，则亦有瑕疵者也。毛公于"履帝武敏"，不取《释训》敏拇之解；于"上帝是依"，则云依其子孙，斯其所以独异。《尔雅》本有叔孙通梁文所增，或毛公所见，尚无此说，亦未可知。而郑君乃云"天命玄鸟，降而生商"，是感天而生之明文。不悟《诗》非叙事之书，辞气本多增饰。即如郑言，惟岳降神，生甫及申，亦为感岳而生耶？《周语》亦云房后有爽德，丹朱冯身以仪之，生穆王。此即医家所云梦与鬼交者,适生穆王,当时遂有异语,岂真谓穆王是丹朱子耶?《春秋》穀梁氏最雅驯,独惜于礼未善。王制之伦,亦其次也。惟士礼则古、今文无大差异,今世言今文者,独不敢说士礼。盖条例精密,文皆质言,不容以夸言傅会,亦无通经致用之事,故相与置之矣。故《王制》不应《周礼》,而《繁露》、《白虎通义》之伦,复以五行相次,其始由闻见僻陋,其终染于阴阳家言而不能骋。假令《王制》为孔子作者,何缘复有周尺东田之文;若为汉制法耶,爵当有王侯,何故列五等;地当南尽九真,北极朔方,何故局促于三千里? 西域已宾,而不为置都护;匈奴可臣,而不为建朝仪,以此知其妄矣。《繁露》诸书,以天道极人事,又下《王制》数等。卒之令人拘牵数术,不尽物宜,营于礼祥,恐将泥夫大道。

言六经皆史者,贤于《春秋》制作之论,巧历所不能计也。虽然,史之所记,大者为《春秋》,细者为小说。故《青史子》五十七篇,本古史官记事。贾生引其胎教之道,王后有身,则太师持铜而御户左,太宰持斗而御户右,太卜持蓍龟而御堂下,诸官各以其职御于门内。太子生而泣,则曰声中某律,滋味上某,命云某,然后县弧,然后卜王太子名。是礼之别记也,而录在小说家,《周考》、《周纪》、《周说》亦次焉。《周说》者,武帝时方士虞初,以侍郎为黄车使者,采间里得之。今之方志,其族也。《周官》:诵训"掌道方志,以诏观事;道方慝,以诏辟忌,以知地俗";训方氏"掌道四方之政事,与其上下之志,诵四方之传道","而观新物"。唐世次《隋·经籍志》者,以是为小说根本,区以为事。《南州异物》、《南方草木》,则辨其产;《荆楚岁时》、《洛阳伽蓝》,则道其俗;《陈留耆旧》、《汝南先贤》,则表其人。合以为志,《周纪》之属以方名。故诸杂传、地理之记,宜在小说。仪注者,又青史氏之流。今世所录史部,宜出傅小说者众矣。《周纪》诸书,据偏国行事,不与《国语》同录于《春秋》家者,其事丛碎,非朝廷之务也。且古者封建,王道衰,故方伯自制其区宇。《国语》录周以下,齐、晋、楚、吴、越皆秉方岳之威,制儗共主,郑故寰内诸侯,鲁亦旧为州牧,而僭礼逾等之事多矣。故国别以为史,异于猥蕞小侯。自秦以降,以郡县治民,守令之职不与王者分重。独如《华阳国志》录公孙述、刘备、李势之流自治一方者,宜在《春秋》。今所谓史部。其他方志、小说之伦,不得以《国语》比。宋世范成大志吴郡,犹知流别;挽世章学诚、洪亮吉之徒,欲以迁、固之书相拟,既为表、志、列传,又且作纪以录王者诏书,盖不知类。且刘绍为《圣贤本纪》,而子产在其录;本纪非帝者上仪,即府县志宜以长官列纪,何故又推次制诏?一前一却,斯所谓失据者哉。

世人又曰:志者在官之书,府县皆宜用今名。然今府县之志，不上户部，非官书。虽为官书，虞初奉使以采周俗，何故称《周说》，不称"河南说"邪？盖方志与传状异事，传状者，记今人，其里居官位宜从今；方志者，始自商、周建国及秦、汉分郡县，以逮近世，二三千年之事，皆在其中，即不可以今名限齐。《传》曰：疆易之事，一彼一此，何常之有？今之府县，因古旧治而疆域迫狭者多矣。然其士女一端可称，虽分在他府县，犹入录。若范成大志吴郡，阖闾、夫差之臣及孙氏时为吴郡人者，皆比次入其籍。阖闾、夫差所部，远及江淮，其地不专宋之平江，其臣佐出何乡邑不可校，以系吴故志之。孙氏之臣韦昭，本云阳人，云阳于宋不属平江，以系吴郡，故志之；若署为《平江志》者，宜简韦昭之徒使不得与。为是斟酌古今，以吴郡为之号，然后其无旁溢也。今为府县志者，不旁溢则宜予今名，旁溢则宜予旧名。多爱不忍，士女之籍，从古郡县所部，而题名专系于今，甚无谓也。独旧郡过宽者，名不可用。汉世豫章，包今江西之域；而会稽笼有浙江福建，延及江南。今为南昌、绍兴志，宜省耳。格以官书，谓之《周语》《国志》之伦，其言无状。

《秋官·小行人》：自万民之利害而下，物为一书，每国辨异之，以五物反命于王，"以周知天下之故"。《管子》曰："《春秋》者，所以记成败也；行者，道民之利害也。"《山权数》篇。以其掌之行

人,故谓之"行",犹《太史公书》称太史公。明与《春秋》异流。世人
不知其为小说,而以纪传之法相牵,斯已过矣。庄周曰:"饰小说
以干县令。"今之为方志者,名曰继《诵训》,其实"干县令"也。而
多自拟以太史、天官,何其忘廉耻之分邪?《仪注》之书,《礼记》引
"赞大行"。《杂记》。行人所书为小说,即赞大行亦在小说可知。
且诸跪拜、禁忌之节,阅岁而或殊尚,又不尽制度挈定。若《汉旧
仪》、《官仪》所录,八坐丞郎,有交礼解交之节,郎又含鸡舌香,而
女侍二人执香炉从之。斯皆繁登降之节,效佞幸之仪,习为恒俗,
非礼律所制,然犹以为《仪注》。斯固不隶礼经,而青史小说之
流也。

明解故(上)

校莫审于《商颂》,故莫先于《太誓》,传莫备于《周易》,解莫辩
于《管》、《老》。正考父校商之名《颂》十二篇于周太师,以《那》为
首。《鲁语》。考父为人,三命兹益恭,故托始于《那》。其辑之乱
曰:"自古在昔,先民有作,温恭朝夕,执事有恪。"先圣王之传恭,
犹不敢专,称曰自古,古曰在昔,昔曰先民。恭人以是训国子,见
删定之意。孔子录诗有四始,《雅》、《颂》各得其所,删《尚书》为百
篇而首《尧典》,亦善校者已。其次比核文字者兴,子夏读三豕渡

河,以为己亥。刘向父子总治《七略》,入者出之,出者入之,穷其原始,极其短长,此即与正考父孔子何异?辨次众本,定异书,理讹乱,至于杀青可写,复与子夏同流。故校雠之业广矣。其后官府皆有图书,亦时编次,独王俭近刘氏,在野有阮孝绪,颇复出入。自隋以降,书府失其守,校雠之事,职诸世儒,其间若颜师古定五经、宋祁、曾巩理书籍,足以审定疑文,令民不惑,斯所谓上选者。然于目录徒能部次甲乙,略记梗概,其去二刘之风远矣。

近世集四库,虽对治文字犹弗能,定文之材,遏而在野。一以故书正新书,依准宋刊,不敢轶其上,其一时据旧籍,以正唐宋木石之书。相提而论,据旧籍者宜为甲;及其末流淫滥,喜依《治要》《书钞》《御览》诸书以定异字。《治要》以下,其书亦在木,非无讹乱,据以为质,此一蔽也。前世引书,或以传注异读改正文。经典古今文既异,今文有齐、鲁之学,古文有南、北之师,不得悉依一读,凌杂用之,此二蔽也。段玉裁、臧庸恨之,时出匈臆,谓世所见者,悉流俗本,独己所正为是。其是者诚诸师所不能驳,而亦颇有错牾。然此诸家,比于在官之守、文人之录,可谓精博矣。若乃总略群书之用,犹不能企。章学诚感慨欲法刘歆,弗能卒业。后生利其疏通,以多识目录为贤。故有略识品目,粗记次第,闻作者姓氏,知雕镂年月,不窥其篇而自以为周览者,则捃落之为害也。

单襄公论孙周曰:"吾闻之《太誓》,故曰:朕梦协朕卜,袭于休祥,戎商必克。"《周语》。说曰:故,故事也。韦解。往者宋之役薛,陈之受赐,其书皆在故府,楚申公得随兕之占于故记。故记者,藏在平府。汉亦有掌故官,其以说《诗》有故训。然则先民言故,总举之矣,有故事者,有故训者。《毛诗》以外,三家亦有《鲁故》、《韩故》、《齐后氏故》、《齐孙氏故》,斯故训之流也。《书》、《春秋》者,记事之籍,是以有故事。《太誓》有故,犹《春秋》有传。马季长以《书传》引《太誓》者,今悉无有,诚知所引在故,则可与理惑也。诸故事亦通言传,太史公曰:"孔子序《书传》。"又曰:"《书传》、《礼记》自孔氏。"《孔子世家》。明孔子序《尚书》,兼录其《传》,故棘下生得通其文。墨翟说:"武王将事泰山隧",此盖《书》之经也;次引《传》曰:"泰山,有道曾孙周王有事。大事既获,仁人尚作。以祗商夏,蛮夷丑貉。虽有周亲,不若仁人。万方有罪,维予一人",此则《书》之传也。所引见《兼爱中》篇。其引《甘誓》为《禹誓》,文亦增多,见《明鬼下》篇。明其在《传》中。孟子对汤放桀、武王伐纣之问,即曰"于传有之",皆《书传》也。娄敬引《太誓》,犹有伏生所不著者。敬犹习《书传》,得征其故。要之《书传》素多族类,自孔子时已有数种。孔安国所以无记录者,以其故传具在,遭巫蛊未施行,非独《逸书》二十四篇亡佚,虽《书传》亦朽没。伏生既异师,马、郑亦不见礼堂旧传,虽愈伏生,故训则傻矣,言故事乃人人异端。世人徒守学官条教,作传者必欲废故事,如以左氏为不传《春秋》者,不知传固有载故事者也。此一蔽也。或以专说故事,不烦起例,此二蔽也。如直书其事善恶自见之说。

《易》之《十翼》,为传尚矣。《文言》、《彖》、《象》、《系辞》、《说卦》、《序卦》、《杂卦》之伦,体各有异,是故有通论,有骈经,有序录,有略例,《周易》则然。序录与列传又往往相出入。淮南为《离骚》传,其实序也;太史依之,以传屈原。刘向为《别录》,世或称以"别传"。其班次群籍,作者或见《太史公书》,则曰"有列传",明己不烦为录也。通论之书,《礼记》则备;略例之书,《左氏》则备。骈经之书,则当句为释者。古之为传,异于章句。章句不离经而空发,传则有异。《左氏》事多离经,《公羊》、《榖梁》二传,亦空记孔子生。夫章句始西京,以传比厕经下,萌芽于郑、王二师。自是为法,便于习读,非古之成则。世人以是疑周人旧传,此一蔽也。《管子》诸解,盖晚周人为之,稍有记录。韩非为《解老》,其义闳远。凡顺说前人书者,皆解之类。汉世说经,务以典礼断事,视空谈诚有间。拘文者或曰:卒哭舍故而讳新,父不名子。孔子曰:"鲤也死,有棺而无椁",其实未死也。循是以推,门人既厚葬颜回,孔子犹言"回也视予犹父",则是颜回死复苏也。鲁定公名宋,孔子对哀公言长居宋，则是定公不薨也。其蔽一矣。或以经记散言，谓之典常，征天子驾六者，傅之时乘六龙。循是以推，载鬼一车，则可以傅既葬反虞之礼。军行载社及迁庙主，亦自易著之也。其蔽二矣。或以古今名号不同而疑《尔雅》。太史公曰：张骞穷河原，恶睹所谓昆仑乎！循是以推，异国人闻有汉，亦将曰恶睹所谓虞夏、商、周也。其蔽三矣。

察汉世所为蔽者，今或无有。所起新例，式古训，合句度，多腾掉汉师上，亦往往有不周。发词例者，谓俪语则词性同，其可以去诘诎不调者矣。汰甚则以高文典册，下拟唐宋文牒之流。案，《书·吕刑》曰："何择非人，何敬非刑，何度非及。"《墨子》说之曰："能择人而敬刑，尧、舜、禹、汤、文、武之道可及也。"《尚贤下》篇，三非字皆作不。何择非人，又作何择否人，以否为不。今误为言字。此岂词例之常耶？尝试议乎其将。《曲礼》曰："坐如尸，立如齐。"一言实，一言业，性不得均。《素问》曰："生而神灵，弱而能言，幼而徇齐，长而敦敏，成而登天。"《上古天真论》。三语皆一往如律，独能言登天，均调有异，斯固言之变也。言虽同，事有不得比者。《鹖冠子》曰："天道先贵覆者，地道先贵载者，人道先贵事者，酒保先贵食者。"《天则》篇。是言酒保，宁与三才之道等夷乎？《庄子》曰：圣人不谋恶用知，不斫恶用胶，无丧恶用德，不货恶用商。三语皆质,斫云胶云,则取譬以相成,是皆词例所不能均。滞于言者,睹《小雅》言"旐维旟矣",必耦之曰:蝥维鱼矣;滞于事者,睹《秦风》言"有条有梅",必耦之曰:有杞有棠。此一蔽也。明虚数者,若九天、九死之辈,知其文饰无实事,此汪中释三九之说,汪氏亦本于《论衡》。《论衡·儒增》篇云:孔子至不能十国,言七十国,增之也;孟尝、信陵、平原、春申好士,不过各千余人,言其三千,增之也。亦信善矣。汰甚则以百姓万国亦虚数。《楚语》曰:"百姓"、"千品"、"万官"、"亿丑"。《内传》曰:执玉帛者万国,今存者无数十,皆指尺名数以相推校。宜何说焉?盖成数者,与虚数异方。较略之名,偭说大齐,是成数也;假设之言,不可参验,是虚数也。汉世先师不知有成数,谓不可增减一介;如说万国者,必分画万区;说冠者童子之数,以五六相乘六七相乘为七十二人,是其类。今揉其枉,谓成数亦冯虚命之。此二蔽也。不增字解经者,以旧文皆自口出,增之则本语失其律度,其法不可坏矣。独诗以四字成文,辞或割意,不可直以文曲相明。"抑若扬兮",传者必曰美色广扬;"式微式微",训者必曰微乎微。非无增字,意则因以条达,过省则文害辞。此三蔽也。

　　用直训者曰:昔吾有先正,其言明且清,其术亦至察矣。直以自解则善,汰甚则欲改易秦、汉旧传。旧传存者,莫美于《毛诗》。毛公为训,有曲而中,有肆而隐,不专以径易为故。古者实句、德句、业句，实句即今所谓名词，德句即今所谓形容词，业句即今所谓动词。或展转赅易，动变无方。古诗辞气，亦有少异于今言者。失此三事，不足明毛公微意。《小雅》"锡尔纯嘏"，《传》曰：嘏，大也。嘏为尸授主人以福，世所悉知。《大雅》"来嫁于周，曰嫔于京"，《传》曰：京，大也。京为京师，亦世所悉知。今以大为训者，推其得名之本。《商颂》"受小球大球"，《传》曰：球，玉；共，法也。今人以《广雅》拱捄训法改《传》，问拱捄何故为法？则不能悉。夫球者玉磬，共者句股之通借字，共与句股东侯对转。磬折句股，皆工匠制器法式。律度量衡，秉之人君，受之者，合瑞而观其同也。毛公以球直训法，令学者暗昧，推其本于玉磬，然后为法明矣。《鲁颂》"三寿作朋"，《传》曰：寿，考也。《笺》以三寿为三卿，寿不训卿，而古以三卿为三寿，故推其本于考。寿、考、老，一实也，以音相变。天子三公曰老，诸侯三卿曰老，大夫家臣曰室老。老者冢臣之号，以寿为考，然后为卿明矣。此所谓曲而中、肆而隐。《小雅》"其祁孔有"，《传》曰：祁，大也；《笺》以祁为麚。"有壬有林"，《传》曰：壬，大；林，君。《笺》以壬为任，指卿大夫。世多右《笺》。按，大与大者无异。《诗》言"小大稽首"，"无小无大，从公于迈"，皆谓小者大者。然则大孔有者，谓其大者孔有也。君亦训大，大者亦为君。然则"有壬有林"，即絫言有君，无所致惑。《商颂》"幅陨既长"，《传》曰：幅，广也；陨，均也。今人或改为"福云既长"，自以为调达。按，幅陨犹言广员，《西山经》广员百里，《越语》广运百里。均者，《说文》云："平遍也。"平遍则广，举其实曰幅陨，举其德曰广员、广均。此皆名义相扶，所谓展转赸易，动变无方者也。《小雅》"鄂不韡韡"，《传》曰：鄂犹鄂鄂然，言外发也。《笺》以承华曰鄂为说。世多右《笺》。按，《高唐赋》曰："肃何千千"，此与"鄂不韡韡"同辞；《古诗·鸡鸣高树颠》曰："颍颍何煌煌"，此与"鄂鄂不韡韡"同辞。何纷更之为也！《大雅》"履帝武敏"。《传》曰"敏，疾也"，"将事齐敏"。《释训》曰："敏，拇也。"世多右《释训》。按，《聘礼记》曰："宾入门皇"；《论语》曰："入公门，鞠躬如也。"借曰"入公门皇"，即与"履帝武疾"同辞。记传散语犹可，况歌咏曲折之文邪？此所谓古诗辞气少异于今。不达《诗传》之体，视以晚世兼义释文之流，奋笔以改旧贯，此四蔽也。不避重语者曰，《传》有"惑蛊君，覆露子"，两言则同义。其说诚审，汰甚乃以微言为家人语，或且嗫呫。《老子》曰："谷神不死。"旧以中央空谷拟无有，近是。今说者曰：谷宜为穀者；穀者，生也，生神不死。何其赘也！《庄子》曰："天之穿之，日夜无降；人则顾塞其窦。"《外物》篇。降者以类通假为函，如函谷亦作降谷，是其例。函者孔也；《食货志》曰：钱圜函方。此言天穿不可得其朕，人则反自塞之。今说者曰：降宜为癃，癃者闭也，穿则不闭，宜无待郑重言。然则务为平易，而更违其微旨。此五蔽也。

屏是诸蔽，则可以扬姬孔末命，理董前修之业矣。若夫援谶纬以明经制，随亿必以改雅训，单文节适，肤受以求通，辞诎则挟素王，事缪则营三统，此不足与四者数。杨子曰：灵场之威，宜夜矣乎。言正昼则鬼物不能神也。

明解故（下）

六经皆史之方，治之则明其行事，识其时制，通其故言，是以贵古文。古文者，依准明文，不依准家法。成周之制，言应《周官经》者是，不应《周官经》者非。覃及穆王以下，六典浸移，或与旧制驳，《周礼》犹今《会典》，时有增改。穆王以后，制异《周官经》者多矣。然其为《周礼》一也。言应《左氏内外传》者是，不应《左氏内外传》者非。不悉依汉世师说也。

何以言之？传记有古、今文；今文流别有数家，如《春秋》二家，《诗》三家，《书》三家，《礼》三家，《易》七家，汉博士亦未备。一家之中，又自为参错。如《公羊》家分胡毋生、董仲舒二师。董氏之徒，又分严、颜，何休依胡毋生条例则不取严、颜，严与颜亦相攻。张玄为颜氏博士，诸生以其兼说严氏攻之，光武令还署，是其事也。古文准是。如刘、杜、郑、贾、马、郑，各有异说。又古文师出今文后者，既染俗说，弗能弃捐，或身自傅会之，违其本真。如贾逵谓《左氏》同《公羊》者什有七八之类。今文传记师说，或反与《周官》、《左氏》应，古文师说顾异。略此三事，则足以明去就之涂矣。

言"六宗"者，刘歆以为易卦六子，于典籍无所征。伏生则曰：万物非天不覆，非地不载，非春不生，非夏不长，非秋不收，非冬不藏，禋于六宗，此之谓也。欧阳、夏侯，则伏生今文之徒，其言六宗，即云：上不谓天，下不谓地，傍不谓四方，在六者之间，助阴阳变化。乃自与伏生异。马融治古文，六宗则舍刘歆从伏生。见《续汉书·祭祀志》注引。盖尝验以《大宗伯》所掌，"以玉作六器，以苍璧礼天，以黄琮礼地，以青圭礼东方，以赤璋礼南方，以白琥礼西方，以玄璜礼北方"。六宗之祀，逮《月令》尚有天宗，知自虞至周不替；以周明虞，故马融取伏生也。

禘者，大祭也。《春秋外传》数以禘、郊并举，则圜丘为禘，故字从帝。宗庙之祭，《周官》未有言禘祫者，《大宗伯》"以肆献祼享先王，以馈食享先王"，后郑以为禘祫，先师无其文。按今人考定肆献祼馈食为庙祭通制，非谓禘祫，此说得之。《司尊彝》"凡四时之间祀追享朝享"，先郑以为禘祫，后郑又不从。《春秋》文二年，"大事于大庙，跻僖公"。《公羊传》曰：大事者何，大祫也。昭二年，"有事于武宫"。《左氏传》曰："禘于武公。"学者相习，以大事为祫、有事为禘久矣。然按文二年大事，《鲁语》说之曰："夏父弗忌为宗，烝将跻僖公。"宗有司曰，"商、周之烝也，未尝跻汤与文、武。"是则大事为烝。《司勋》曰：凡有功者祭于大烝；大烝故谓之大事，亦谓之尝禘。《祭统》曰"大尝禘，升歌清庙，下管象"是也。《左氏传》亦曰："烝尝禘于庙。"烝尝本时享，始杀而尝，闭蛰而烝，事之制也。会有合祭，则烝、尝不拘秋冬。《春秋》书烝、尝为时享，书大事为大烝、大尝；禘其通名，《传》言鲁有禘乐是也。刘歆、贾逵以为禘、祫一祭二名，礼无差降。然则大烝、大尝为别名，大事为共名；禘为通号，祫举其事。《毛诗传》曰：诸侯夏禘则不礿，秋祫则不尝。禘祫者，互文相避，诸云五年而再殷祭，三岁一祫。五岁一禘者，今文谶记之言，非《周官》、《左氏》所有。刘歆言大禘则终王，是也。又说三年一禘，滞于今文为之异说也。《春秋》独文二年书大事；襄十六年《传》，晋悼公卒逾岁，晋人曰：寡君未禘祀。明烝、尝、禘专在丧终。有事于武宫，吉禘于庄公，徒祭一庙，非合享之班。推此有事于大庙、禘于大庙、用致夫人，亦不得与大事比。按《春秋》书时享，有烝尝，无祠礿，此则鲁从殷礼。夏祭称禘，凡非烝、尝者并得此名。闵二年五月，吉禘于庄公；昭十五年二月癸酉，有事于武宫。五月夏三月，二月夏十二月也。僖八年秋七月，禘于大庙;宣八年夏六月辛巳,有事于大庙。七月夏五月,他月皆不当烝尝之月。宣八年六月正当殷之禘月,故皆言大事、言禘。禘于大庙,得致夫人者,五庙皆禘,则致夫人于庄公庙也。言太庙者,举尊,明非如吉禘庄公不及他庙也。昭二十年《传》:将禘于襄公万者二人,此亦特禘一庙,然不知其在何月。定八年从祀先公,《传》曰:冬十月,顺祀先公而祈焉,辛卯,禘于僖公。上言顺祀先公,即举大事之礼,通言所谓禘者也。下言禘于僖公,此为特禘一庙,与顺祀为二事。推此可知有事之与大事,必不得同为殷祭。然大事不在丧终,而此举于八年者,阳虎所为,本非常典。二有事、二禘皆时享也。禘、祫之言,讻讻争论,既二千年。若以禘、祫同为殷祭,祫名大事,禘名有事,是为禘小于祫,何大祭之云? 故知周之庙祭,有大尝、大烝,有秋尝、冬烝。禘祫者,大尝、大烝之异语;大事者,大尝、大烝之约言。有事、吉禘者,夏殷时享承用于鲁之殊号。鲁祭周公用白牡,本殷色,则春夏祭用殷名亦宜。知此则不为今文谶记惑也。

　　庙主之说,《左氏传》:卫孔悝反祏于西圃。《说文》曰:祏,宗庙主也。《公羊传》亦曰:大夫闻君之丧,摄主而往。是古、今文皆谓大夫有主。《公羊》师说则曰:卿大夫非有土之君,不得祫享昭穆,故无主。大夫束帛依神,士结茅为菆。彼见《少牢》《特牲》二礼不明言主,故立说傅之。即如是,二礼宁有束帛、结茅之文?

以此疑主,而反自贼。《左氏内外传》言天子诸侯庙有屏摄。郑众曰:摄,摄束茅以为屏蔽。是束茅为王侯制,又非士礼,《公羊》师说自违其《传》。《传》本今文,乃反与古文相应也。

纳妃之礼,《左氏》说天子至尊无敌,故无亲迎之礼,诸侯有故若疾病,则使上大夫迎,上卿临之;《公羊》说自天子至庶人皆亲迎。案,《春秋》襄十五年,刘夏逆王后于齐,《左氏传》曰:"官师从单靖公,逆王后于齐,卿不行,非礼也。"单靖公者卿,刘夏者官师,官师从卿逆非礼;明当遣卿往迎,三公临之。《左氏》师说与《传》应。《公羊传》曰:刘夏者何? 天子之大夫也。《解诂》曰:礼迎王后,当使三公,故贬去大夫,明非礼。何休说与《公羊》师说不相应。郑氏据文王亲迎于渭,《礼记》言亲迎继先圣后,为天地宗庙社稷主,证天子有亲迎礼。又曰:天子虽尊,其于后犹夫妇。夫妇判合,礼同一体,所谓无敌,岂施此哉? 文王本在世子位,《礼记》孔子之言,自论鲁国,皆非其证。若以夫妇敌体为词者,孙卿固云:"天子无妻,告人无匹也。"《君子》篇。孙卿者,亦《左氏》后师,足以塞郑氏之难。然何休本治《公羊》,今其言合《左氏》,不与《公羊》先师之说相容,斯郑氏所不达也。

嫔御之数,《天官》序官有九嫔、世妇、女御,不言数。《周语》曰:"内官不过九御,外官不过九品。"《鲁语》曰,天子"日入监九御，使絜奉粢盛，而后即安"。《王度记》曰：天子一娶九女。《白虎通义·嫁娶》篇引。《公羊》家贡禹亦云：宫女不过九人，秣马不过八匹。此今文师说与古文应者也。《昏义》曰：天子立三夫人、九嫔、二十七世妇、八十一御妻。此今文家自相错。《周礼》本古文，而后郑反引《昏义》为证，犹不如淳于髡、贡禹之合也。

封域之数，《大司徒》言诸公五百里，诸侯四百里，诸伯三百里，诸子二百里，诸男百里。《王制》本《孟子》说，言公、侯皆方百里，伯七十里，子、男五十里。然《左氏》亦言天子之地一圻，诸侯一同；诸侯者斥晋，则是侯方百里也。要以周初封制，自异夏殷，而夏殷旧封亦不改。其葭莩支属无功于王室，虽受地为列侯，犹从夏殷。功最多者，鲁七百里，卫兼殷畿千里，三分其号，又过上公之等。此皆斟酌损益之制，非正法也。《左氏》记子产语，本以斥晋，唐叔非鲁、卫之俦，素封小国，其后曲沃武公，亦以一军为晋侯，则如小国百里制。《王制》以为正法，则谬也。

君臣之等，《左氏》记晋侯召王，曰："以臣召君，不可以训"；又记天王出居于郑，曰："天子无出。"故师说以为诸侯天子藩卫纯臣，《公羊》师说诸侯不纯臣，郑氏以称宾敌主人驳《左氏》。然孙卿固曰：天子"四海之内无客礼，告无适也"；适即敌字。《诗》曰：普天之下，莫非王土，率土之滨，莫非王臣。"《君子》篇。夫内人诸侯亦称宾,外出而天子犹无所敌,以是见纯臣之义。《传》曰:宋于周为客。纯客者独有杞宋,诸侯则暂。凡称宾者,乡大夫尚宾兴其民;当其饮射则为宾。就如郑言,六乡之民于乡大夫亦不为纯民邪?且夫"天子无出",《春秋》三家所同。宰周公会诸侯,何休以为职大尊重,当与天子参听万机,而下为诸侯所会,恶不胜任?天子嫁女于诸侯,《公羊》亦云:必使同姓诸侯主之夫婚姻之礼。甥舅之好,犹不相为宾主;北面之宰,南面之侯,犹不相从会盟。此皆与《左氏》应,而《公羊》师说者,非其本也。

若夫法制变更,穆王以下,渐与成周异矣。周之刑二千五百,《吕刑》用夏则三千,其法盖轻于成周。《春秋》书晋杀三郤二赵,各从其主,不以灭家书其氏,则是《秋官》屋诛之法已废也。《觐礼》天子不下堂而见诸侯,夷王下堂,则觐礼遂绝。《传》言王觐者,徒空名。晋侯朝王出入三觐者,亦犹通语。是故《春秋》僖二十八年,冬夏皆书公朝于王所,夏五月者为夏正三月,本朝时;冬为夏正之秋,不言觐。明是时已无觐也。《典命》卿与大夫异爵,东周以降,卿大夫虽殊号,既为一科;其本为大夫者,或通言佐。《左氏传》曰:惟卿为大夫;又曰:晋有赵孟以为大夫,有伯瑕以为佐。《春秋》是以书杀其大夫,未有书杀其卿者也。《典命》:上公九命,侯伯七命,子男五命;《大宗伯》:五命赐则,七命赐国。亦有异，东周制度浸变。故《左氏传》曰：在礼卿不会公、侯，会伯、子、男可也。又曰：郑伯男也，则七命之侯上拟公，七命之伯下侪于男。《公羊传》亦曰：《春秋》伯、子、男一也，此犹有所闻于旧史。董仲舒、何休之伦，横言《春秋》改周之文、从殷之质，合伯、子、男为一，文家爵五等法五行，质家爵三等法三光，何其鄙也！《典命》："公之孤四命，以皮帛视小国之君。"东周犹有孤，晋侯请于王，以黻冕命士会将中军，且为大傅，黻冕即周官之希冕。是也。虽然，卿亦上隆，故《左氏传》载鲁叔孙婼之言曰："列国之卿，当小国之君，固周制也。"按《传》叔孙婼但受三命，未四命也。《职方氏》、《大行人》皆说九州之内方七千里。东周四夷交侵，地稍迫削，《管子》言"立为六千里之侯，则大人从"。《幼官》篇。谓齐桓为侯伯，而所制者六千里，明蛮服已弃在九州外。是故荆扬边裔吴楚诸国，初见《春秋》，则从夷狄书之也。《天官》、《春官》所载，妇人本与宾客事，自阳侯杀蓼侯窃其夫人，故大飨废夫人之礼。自是以后，君母出门则乘辐轉，下堂则从傅姆，进退则鸣玉佩，内饰则结绸缪。《汉书·张敞传》语，此《左氏》师说。故《春秋》夫人姜氏享齐侯于祝丘，《左氏》从会稊书奸之例，《穀梁》且言飨甚于会。又公与夫人姜氏如齐，《左氏》亦言女有家，男有室，无相渎也。

有参会旧令新令者。《大行人》：诸侯之邦交，岁相问也，殷相聘也,世相朝也。《春秋》文十一年曹伯来朝,《左氏传》曰:即位而来见也。襄元年《传》:邾子来朝,礼也;卫子叔晋智武子来聘,礼也。凡诸侯即位,小国朝之,大国聘焉。昭九年《传》曰:孟僖子如齐殷聘,礼也,此即如《大行人》制。又曰:明王之制,岁聘以志业,间朝以讲礼,再朝而会以示威,再会而盟以显昭明,自古未之或失。此则十二年之间,八聘四朝再会一盟。穆王以后则然,文襄之霸,又定朝牧伯法。《传》言三岁而聘,五岁而朝,故曹伯首尾五年朝鲁。《传》曰:礼也,诸侯五年再相朝,以修王命,古之制也。穆王虽近,于《春秋》为古。文襄之命而言古制,犹曰故事云尔。

有制似邻类其实异者。《左氏传》曰:官有世功,则有官族。《周官》以氏命职者众矣,庶官得世,而执政不得世。《左氏》述晏子之言,知齐其为田氏。叔向言晋事,则曰政在家门。而《春秋》书赵鞅叛,史墨论鲁君失国,季氏世政,则曰"慎器与名,不可以假人"。此明执政不得世授。后师吴起对元年之问曰:执民柄者,不在一族。见《说苑·建本》篇。后师张敞说之曰:公子季友有功于鲁,赵衰有功于晋,大夫田完有功于齐,皆畴其庸,延及子孙。终后田氏篡齐,赵氏分晋,季氏颛鲁。故仲尼作《春秋》迹盛衰,讥世卿最甚,由此也。然叔向复悲栾、郤、胥、原、狐、续、庆、伯降在草隶,明庶官得世授。故《异义》引《左氏》师说,卿大夫得世禄,不得世位;父为大夫死,子得食其故采,有贤才则复升父位,由此也。

此皆依据明文,不纯以师说为正。褒贬之事,或有新意,犹在其外。《左氏》有五十凡例,传所旍表以诒后昆,汉师犹依违二家,横为穿凿,斯所以待杜预之正也。杜所述典礼训诂,多不逮汉师。其简二传去异端,则识在汉师上。若乃行事之详,不以传闻变;故训之异,不以一师成。忽其事状,是口说而非传记,则虽鼓箧之儒,载笔之史,犹冥冥也。违其本志,则守达诂而不知变,高子以小弁为小人之诗,孟仲子以不已为不似,先师之训,可悉从耶?要之糅杂古、今文者,不悟明文与师说异;拘牵汉学者,不知魏晋诸师,犹有刊剟异言之绩。故曰知德者鲜,岂虚语哉!世有君子,引而伸之,触类而长之,洋洋浩浩,具存乎斯文矣。

论　式

编竹以为简,有行列緼理,故曰"仑"。"仑"者,思也。《大雅》曰:"于论鼓钟。"论官有司士之格,论囚有理官之法,莫不比方。其在文辞,《论语》而下,庄周有《齐物》,《齐物论》旧读皆谓齐物之论,物兼万物、物色、事物三义。王介甫始谓齐彼物论,盖欲以七篇题号相对,不可与道古。公孙龙有《坚白》、《白马》、孙卿有《礼》、《乐》,吕氏有

《开春》以下六篇，前世著论在诸子，未有率尔持辩者也。九流之言，拟仪以成变化者，皆论之侪。《别录》署《礼记》，亦有通论，不专以显名为质。其辞精微简练，本之名家，与纵横异轨。

由汉以降，贾谊有《过秦》，在儒家。东方朔设非有先生之论，朔书二十篇，则于杂家著录。及王褒为《四子讲德》，始别为辞人矣。晚周之论，内发膏肓，外见文采，其语不可增损。汉世之论，自贾谊已繁穰，其次渐与辞赋同流，千言之论，略其意不过百名。杨子为《法言》，稍有裁制，以规《论语》；然儒术已匃能拟孟子、孙卿，而复忿疾名，法："或问：公孙龙诡辞数万以为法，法与？曰：断木为棋，挽革为鞠，亦皆有法焉。不合乎君子之道者，君子不法也。"《吾子》篇。"或曰：刑名非道邪？何自然也？曰：何必刑名，围棋击剑，反目眩形，亦皆自然也。由其大者作正道，由其小者作奸道。"《问道》篇。今以杨子所云云者，上拟龙、非，则跂鳖之与骐骥也。汉世独有石渠议奏，文质相称，语无旁溢，犹可为论宗。后汉诸子渐兴，讫魏初几百种，然其深达理要者，辨事不过《论衡》，议政不过《昌言》，方人不过《人物志》。此三家差可以攀晚周，其余虽娴雅，悉腐谈也。自《新语》、《法言》、《申鉴》、《中论》，为辞不同，皆以庸言为故，岂夫可与酬酢，可与右神者乎？当魏之末世，晋之盛德，钟会、袁准、傅玄皆有家言，时时见他书援引，视荀悦、徐幹则胜。此其故何也？老、庄、形名之学，逮魏复作，故其言不牵章句；单篇持论，亦优汉世。然则王弼《易例》、鲁胜《墨序》、裴颜《崇有》，性与天道，布在文章，贾、董卑卑，于是谢不敏焉。经术已不行于王路，丧祭尚在，冠昏朝觐，犹弗能替旧常，故议礼之文亦独至。陈寿、贺循、孙毓、范宣、范汪、蔡谟、徐野人、雷次宗者，盖二戴、闻人所不能上。施于政事，张斐《晋律》之序，裴秀地域之图，其辞往往陵轹二汉。由其法守，朝信道矣，工信度矣。及齐、梁犹有继迹者，而严整差弗逮。

夫持论之难，不在出入风议，臧否人群，独持理议礼为剧。出入风议，臧否人群，文士所优为也；持理议礼，非擅其学莫能至。自唐以降，缀文者在彼不在此，观其流势，洋洋缅缅，即实不过数语。又其持论不本名家，外方陷敌，内则亦以自偾，惟刘秩、沈既济、杜佑，差无盈辞。持理者，独刘、柳论天为胜，其余并广居自恣之言也。宋又愈不及唐，济以哗谖。近世或欲上法六代，然上不窥六代学术之本，惟欲厉其末流，江统《徙戎》、陆机《辨亡》、干宝《晋纪》，以为骏极不可上矣。自余能事，尽于送往事居，不失偄侮，以甄名理，则僻违而无类；以议典宪，则支离而不驯。

余以为持诵《文选》，不如取《三国志》《晋书》《宋书》《弘明集》《通典》观之，纵不能上窥九流，犹胜于滑泽者。尝与人书，道其利病,曰:"文生于名,名生于形,形之所限者分,名之所稽者理,分理明察,谓之知文。小学既废,则单篇摭落;玄言日微,故俪语华靡。不该其本,以之肇末,人自以为杨、刘,家相誉以潘、陆,何品藻之容易乎?仆以下姿,智小谋大,谓文学之业,穷于天监。简文变古,志在桑中,徐庾承其流化,平典之风,于兹沫矣。燕、许有作,方欲上攀秦、汉。逮及韩、吕、柳、权、独孤、皇甫诸家,劣能自振,议事确质,不能如两京;辩智宣朗,不能如魏晋。晚唐变以谲诡,两宋济以浮夸,斯皆不足劭也。将取千年朽蠹之余,反之正则,虽容甫、申耆,犹曰采浮华,弃忠信尔。皋文、涤生,尚有谰言,虑非修辞立诚之道。夫忽略名实,则不足以说典礼;浮辞未蕲,则不足以穷远致。言能经国,诎于笾豆有司之守;德音孔胶,不达形骸智虑之表。故篇章无计簿之用,文辞非穷理之器,彼二短者,仆自以为绝焉。所以块居独处,不欲奇群彦之数者也。如向者一二耆秀,皆浮华交会之材,哗世取宠之士,嘘枯吹生之文,非所谓文质彬彬者也。故曰:亡而为有,虚而为盈,约而为泰,难乎有恒矣。"以上《与人书》。

或言今世慕古人文辞者,多论其世,唐、宋不如六代,六代不如秦、汉。今谓持论以魏、晋为法,上遗秦、汉,敢问所安?曰:夫言亦各有所当矣。秦世先有韩非、黄公之伦,持论信善;及始皇并六国,其道已隘。自尔及汉,记事韵文,后世莫与比隆,然非所及于持论也。汉初儒者,与纵横相依,逆取则饰游谈,顺守则主常论;游谈恣肆而无法程,常论宽缓而无攻守。道家独主清静,求如韩非《解老》,已不可得;《淮南鸿烈》,又杂神仙、辞赋之言。其后经师渐与阴阳家并,而论议益多牵制矣。汉论著者,莫如《盐铁》;然观其驳议,御史大夫、丞相史言此,而文学、贤良言彼,不相剀切。有时牵引小事,攻劫无已,则论已离其宗;或有却击如骂,侮弄如嘲,故发言终日,而不得其所凝止,其文虽博丽哉,以持论则不中矣。董仲舒《深察名号》篇,略本孙卿,为己条秩,然多傅以疑似之言。如言王有五科:皇科、方科、匡科、黄科、往科;君有五科:元科、原科、权科、温科、群科。虽以声训,傅会过当。惜乎刘歆《七略》,其六录于《汉志》,而《辑略》俄空焉。不然,歆之谨审权量,斯有伦有脊者也。今汉籍见存者,独有王充,不循俗迹,恨其文体散杂,非可讽诵。其次独有《昌言》而已。魏、晋之文,大体皆埤于汉,独持论仿佛晚周。气体虽异,要其守己有度,伐人有序,和理在中,孚尹旁达,可以为百世师矣。然今世能者,多言规摹晋、宋,惟汪中说《周官》、《明堂》诸篇,类似礼家;阮元已不相逮。至于甄辨性道,极论空有,概乎其末有闻焉。典礼之学,近世有余;名理之言,近世最短。以其短者施之论辩,徒为缴绕,无所取材,谦让不宣,固其慎也。长者亦不能自发舒，若凌廷堪《礼经释例》，可谓条理始终者，及为俪辞，文体卑近，无以自宣其学，斯岂非崇信文集、异视史书之过哉！

然今法六代者，下视唐、宋；慕唐、宋者，亦以六代为靡。夫李翱、韩愈，局促儒言之间，未能自遂。权德舆、吕温及宋司马光辈，略能推论成败而已。欧阳修、曾巩，好为大言，汗漫无以应敌，斯持论最短者也。若乃苏轼父子，则佞人之戈戈者。凡立论欲其本名家，不欲其本纵横。儒言不胜，而取给于气矜，游猨怒特，蹂稼践蔬，卒之数篇之中，自为错忤，古之人无有也。法晋、宋者，知其病征，宜思有以相过，而专务温藉，词无芒刺。甲者讥乙，则曰"郑声"；乙者讥甲，又云"常语"。持论既莫之胜，何怪人之多言乎！夫雅而不核，近于诵数，汉人之短也；廉而不节，近于强钳，肆而不制，近于流荡，清而不根，近于草野，唐、宋之过也；有其利无其病者，莫若魏、晋。然则依放典礼，辩其然非，非涉猎书记所能也。循实责虚，本隐之显，非徒窜句游心于有无同异之间也。如王守仁《与罗钦顺书》云："格物者，格其心之物，格其意之物，格其知之物。正心者，正其物之心。诚意者，诚其物之意。致知者，致其物之知。"此种但是辞句缴绕，文义实不可通。后生有效此者，则终身为绝物矣。效唐、宋之持论者，利其齿牙，效汉之持论者，多其记诵，斯已给矣；效魏、晋之持论者,上不徒守文,下不可御人以口,必先豫之以学。

文章之部,行于当官者,其源各有所受:奏疏、议驳近论,诏册、表檄、弹文近诗;近论故无取纷纶之辞,近诗故好为扬厉之语。汉世作奏,莫善乎赵充国,探筹而数,辞无枝叶。晋世杜预议考课,刘毅议罢九品中正,范甯议土断,孔琳之议钱币,皆可谓综核事情矣。然王充于汉独称谷永。谷永之奏,犹似质不及文,而独为后世宗,终之不离平彻者近是。《典论》云:"奏议宜雅,书论宜理。"亦得其辜较云。若夫诏书之作,自文、景犹近质,武帝以后,时称《诗》《书》,润色鸿业,始为诗之流矣。武帝册三王,上拟《尚书》,至潘勖册魏公,为枚颐《尚书》本,晋以下代用其律,比于《崧高》《韩奕》,徒无韵耳。汉世表以陈情,与奏议异用,若《荐祢衡》《求自试》诸篇,文皆琛丽,炜晔可观。盖秦、汉间上书,如李斯《谏逐客》、邹阳《狱中上梁孝王》已然。其后别名为表,至今尚辞,无取陈数,亦无韵之风也。弹文始不可见,任昉、沈约讪人罪状,言在法外。盖自宋世荀伯子善为弹文,丑词巧诋,辱及祖祢。今虽不著,明其为任、沈法。《诗》之恶恶,莫如《巷伯》,然犹戮及其身;今指斥及于腐骨,其疾恶甚于诗人矣。《文选》不录奏疏、议驳,徒有书、表、弹文之流,为其文之著也。檄之萌芽,在张仪檄楚相,徒述口语,不见缘饰。及陈琳、钟会以下,专为恣肆。颜竣檄元凶劭,其父延之,览书而知作者,亦无韵之赋也。大氐近论者取于名,近诗者取于纵横,其当官奋笔一也,而风流所自有殊。览文者,观于《文选》之有无,足以知其好尚异也。

辨 诗

《春官》瞽矇,掌九德六诗之歌,然则诗非独六义也,犹有九歌。其隆也,官箴占繇皆为诗。故《诗序》、《庭燎》称箴,《沔水》称规,《鹤鸣》称诲,《祈父》称刺,明诗外无官箴,《辛甲》诸篇,悉在古诗三千之数矣。《诗赋略》录《隐书》十八篇,则东方、管辂射覆之辞所出。又《成相》、《杂辞》者,徒役送杵,其句度长短不齐,亦悉入录。扬搉道之,有韵者皆为诗,其容至博。其杀也,孔子删诗,求合于《韶》、《武》,赋比兴不可歌,因以被简。其详在《六诗说》。屈原、孙卿诸家,为赋多名。孙卿以《赋》、《成相》分二篇,题号已别,然《赋》篇复有《佹诗》一章,诗与赋未离也。汉惠帝命夏侯宽为乐府令,及武帝采诗夜诵,其辞大备。《七略》序赋为四家,其歌诗与之别。汉世所谓歌诗者,有声音曲折可以弦歌。如《河南周歌声曲折》七篇、《周谣歌诗声曲折》七十五篇,是也。故《三侯》、《天马》诸篇,太史公悉称诗,盖乐府外无称歌诗者。自韦孟《在邹》至《古诗十九首》以下,不知其为歌诗耶? 将与赋合流同号也? 要之《七略》

分诗赋者,本孔子删诗意,不歌而诵,故谓之赋;叶于箫管,故谓之诗。其他有韵诸文,汉世未具,亦容附于赋录。古者大司乐以乐语教国子,盖有韵之文多矣,有古为小名而今为大,有古为大名而今为小者。《周语》曰:"公卿至列士献诗,瞽献曲,史献书,师箴,瞍诵。"瞽师矇瞍皆掌声诗,即诗与箴一实也。故自《虞箴》既显,杨雄、崔骃、胡广为《官箴》,气体文旨,皆弗能与《虞箴》异。盖箴规诲刺者其义,诗为之名。后世特以箴为一种,与诗抗衡,此以小为大也。赋者,六义之一家。《毛诗传》曰:"登高能赋,可以为大夫。"登高孰谓? 谓坛堂之上,揖让之时。赋者孰谓? 谓微言相感,歌诗必类。是故"九能"有赋无诗,明其互见。汉世赋为四种,而诗不过一家,此又以小为大也。铭者自名,器有题署,若士卒扬徽,死者题旌,下及楬木以记化居,落马以示毛物,悉铭之属。今世专以金石韵文为铭,此以大为小也。九歌者,与六诗同列,水火金木土谷谓之六府,正德、利用、厚生谓之三事,此则山川之颂,江海之赋,皆宜在九歌。后世既以题名为异,九歌独在《屈赋》,为之陪属,此又以大为小也。且文章流别,今世或繁于古,亦有古所恒睹,今隐没其名者。夫宫室新成则有发,见《檀弓》。丧纪祖载则有遣,《既夕礼》有读遣之文。告祀鬼神则有造,见《春官·太祝》。原本山川则有说,见《毛诗传》。斯皆古之德音,后生莫有继作,其题号亦因不著。《文章缘起》所列八十五种，至于今日，亦有废弛不举者。夫随事为名，则巧历或不能数，会其有极，则百名而一致者多矣。谓后世为序录者，当从《诗赋略》改题乐语，凡有韵者悉著其中，庶几人识原流，名无棼乱者也。

论辩之辞，综持名理，久而愈出，不专以情文贵，后生或有陵轹古人者矣。韵语代益陵迟，今遂涂地，由其发扬意气，故感概之士擅焉，聪明思慧，去之则弥远。《记》称"诗之失愚"，以为不愚固不能诗。夫致命遂志，与金鼓之节相依。是故史传所记，文辞陵厉，精爽不沫者，若荆轲、项羽、李陵、魏武、刘琨之伦，非奇材剑客，则命世之将帅也。由商、周以讫六代，其民自贵，感物以形于声，余怒未渫，虽文儒弱妇，皆能自致。至于哀窈窕，思贤材，言辞温厚，而蹈厉之气存焉。及武节既衰，驰骋者至于绝膑，犹弗能企。故中国废兴之际，枢于中唐，诗赋亦由是不竞。五季以降，虽四言之铭，且拱手谢不敏，岂独采诗可以观政云尔。太史公曰："兵者，圣人所以讨强暴，平乱世，夷险阻，救危殆，自含血戴角之兽，见犯则校，而况于人，怀好恶喜怒之气，喜则爱心生，怒则毒螫加，情性之理也。故六律为万事根本，其于兵械尤重。"自中唐以降者，死声多矣，"长子帅师，弟子舆尸"，相继也。今人或欲为国歌，竟弗能就。抗而不队，则暴慢之气从之矣；弛而无守，则鄙倍之辞就之矣。如日本人所作国歌，千代千代八千代等语，行于岛国可也。此类辞气，施诸中夏则妇孺笑之耳。余以为古者礼乐未兴，则因袭前代，汉《郊祀歌》有《日出入》一章，其声熙熙，悲而不伤，词若游仙，乃足以作将帅之气，虽《云门》《大卷》弗过也。以是为国歌者，贤于自作远矣。

语曰："在心为志，发言为诗。"此则吟咏情性，古今所同，而声律调度异焉。魏文侯听今乐则不知倦，古乐则卧，故知数极而迁，虽才士弗能以为美。《三百篇》者，四言之至也。在汉独有韦孟，已稍淡泊。下逮魏晋，作者抗志，欲返古初，其辞安雅，而惰弛无节者众，若束皙之《补亡诗》，视韦孟犹登天。嵇、应、潘、陆，亦以楛窳。"悠悠太上，民之厥初"，"於皇时晋，受命既固"，盖佣下无足观。非其材劣，固四言之势尽矣。汉世《郊祀》、《房中》之乐，有三言七言者，其辞闳丽诀荡，不本《雅》、《颂》，而声气若与之呼召，其风独五言为善。古者学诗，有大司乐瞽宗之化，在汉则主情性。往者《大风》之歌，《拔山》之曲，高祖、项王，未尝习艺文也，然其言为文儒所不能举。苏、李之徒，结发为诸吏骑士，未更讽诵，诗亦为天下宗。及陆机、鲍照、江淹之伦，拟以为式，终莫能至。由是言之，情性之用长，而问学之助薄也。风与雅、颂、赋所以异者，三义皆因缘经术，旁涉典记，故相如、子云小学之宗，以其绪余为赋。

《郊祀歌》者,颂之流也,通一经之士,不能独知其辞,皆集会五经家相与共讲习之。《安世房中歌》,作于唐山夫人,而其辞亦尔雅。独风有异,愤懑而不得舒,其辞从之,无取一通之书,数言之训。及其流风所扇,极乎王粲、曹植、阮籍、左思、刘琨、郭璞诸家,其气可以抗浮云,其诚可以比金石,终之上念国政,下悲小己,与十五国风同流,其时未有雅也。谢瞻承其末流,《张子房诗》本之"王风哀思,周道无章",浸淫及于大、小雅矣。世言江左遗彦,好语玄虚,孙、许诸篇,传者已寡,陶潜皇皇,欲变其奏,其风力终不逮。玄言之杀,语及田舍,田舍之隆,旁及山川云物,则谢灵运为之主。然则《风》、《雅》道变,而诗又几为赋。颜延之与谢灵运深浅有异,其归一也。自是至于沈约、丘迟,景物复穷。自梁简文帝初为新体,床第之言,扬于大庭,讫陈、隋为俗。陈子昂、张九龄、李白之伦,又稍稍以建安为本。白亦下取谢氏,然终弗能远至,是时五言之势又尽。杜甫以下,辟旋以入七言。七言在周世,《大招》为其萌芽,汉则《柏梁》,刘向亦时为之,然短促未能成体。唐世张之,以为新曲,自是五言遂无可观者。然七言在陈、隋,气亦宣朗,不杂传记名物之言,唐世浸变旧贯,其势则不可久。哀思主文者,独杜甫为可与。韩愈、孟郊,则《急就章》之变也,元稹、白居易,则日者瞽师之诵也。自尔千年,七言之数以万,其可讽诵者几何?重以近体昌狂，篇句填委，凌杂史传，不本情性。盖诗者与议奏异状，无取数典之言，钟嵘所以起例，虽杜甫犹有愧。讫于宋世，小说杂传禅家方技之言，莫不征引。昔孙许、高言庄氏，杂以三世之辞，犹云《风》、《骚》体尽，况乎辞无友纪，弥以加厉者哉？宋世诗势已尽，故其吟咏情性，多在燕乐。今词又失其声律，而诗尨奇愈甚，考征之士，睹一器说一事，则纪之五言，陈数首尾，比于马医歌括。及曾国藩自以为功，诵法江西诸家，矜其奇诡，天下骛逐，古诗多诘诎不可诵，近体乃与杯珓谶辞相等，江湖之士艳而称之，以为至美，盖自商颂以来，歌诗失纪，未有如今日者也。物极则变，今宜取近体一切断之，唐以后诗，但以参考史事存之可也。其语则不足诵。古诗断自简文以上，唐有陈、张、李、杜之徒，稍稍删取其要，足以继《风》、《雅》，尽正变。夫观王粲之《从军》，而后知杜甫卑闉也；观潘岳之《悼亡》，而后知元稹凡俗也；观郭璞之《游仙》，而后知李贺诡诞也；观《庐江府吏》、《雁门太守》叙事诸篇，而后知白居易鄙倍也。淡而不厌者陶潜，则王维可废也；矜而不逮者谢灵运，则韩愈可绝也。要之，本情性限辞语，则诗盛；远情性憙杂书，则诗衰。

《七略》次赋为四家：一曰屈原赋，二曰陆贾赋，三曰孙卿赋，四曰杂赋。屈原言情，孙卿效物，陆贾赋不可见，其属有朱建、严助、朱买臣诸家，盖纵横之变也。扬雄赋本拟相如，《七略》相如赋与屈原同次。班生以杨雄赋隶陆贾下，盖误也。然言赋言，多本屈原。汉世自贾生《惜誓》，上接《楚辞》，《鹏鸟》亦方物《卜居》。而相如《大人赋》，自《远游》流变。枚乘又以《大招》、《招魂》散为《七发》。其后汉武《悼李夫人》、班婕妤《自悼》，外及淮南、东方朔、刘向之伦，未有出屈、宋、唐、景外者也。孙卿五赋，写物效情，《蚕》、《箴》诸篇，与屈原《橘颂》异状；其后《鹦鹉》、《焦鹩》，时有方物。及宋世《雪》、《月》、《舞鹤》、《赭白马》诸赋放焉。《洞箫》、《长笛》、《琴》、《笙》之属，宜法孙卿，其辞义咸不类。徐幹有《玄猿》、《漏卮》、《圆扇》、《橘赋》诸篇，杂书征引，时见一端，然勿能得全赋，大氐孙卿之体微矣。陆贾不可得从迹。虽然，纵横者，赋之本。古者诵诗三百，足以专对，七国之际，行人胥附，折冲于尊俎间，其说恢张谲宇，绅绎无穷，解散赋体，易人心志。鱼豢称："鲁连、邹阳之徒，援譬引类，以解缔结，诚文辩之隽也。"武帝以后，宗室削弱，藩臣无邦交之礼，纵横既黜，然后退为赋家，时有解散：故用之符命，即有《封禅》、《典引》；用之自述，而《答客》、《解嘲》兴。文辞之繁，赋之末流尔也。杂赋有《隐书》者，传曰："谈言微中，亦可以解纷。"与纵横稍出入。淳于髡《谏长夜饮》一篇，纯为赋体，优孟诸家顾少耳。东方朔与郭舍人为隐，依以谲谏，世传《灵棋经》，诚伪书，然其后渐流为占繇矣。管辂、郭璞为人占皆有韵，斯亦赋之流也。自屈、宋以至鲍、谢，赋道既极，至于江淹、沈约，稍近凡俗。庾信之作，去古愈远，世多慕《小园》、《哀江南》辈，若以上拟《登楼》、《闲居》、《秋兴》、《芜城》之俦，其靡已甚。赋之亡盖先于诗。继隋而后，李白赋《明堂》，杜甫赋《三大礼》，诚欲为杨雄台隶，犹几弗及，世无作者，二家亦足以殿。自是赋遂泯绝。近世徒有张惠言，区区修补，《黄山》诸赋，虽未至，庶几李、杜之伦。承千年之绝业，欲以一朝复之，固难能也。然自诗赋道分，汉世为赋者多无诗。自枚乘外，贾谊、相如、杨雄诸公，不见乐府五言，其道与故训相俪，故小学亡而赋不作。

汉世乐府，《七略》录为歌诗。上自郊祀，下讫里巷歙趣，皆见罔罗。其外有《短箫铙歌》，李延年复依西域《摩诃兜勒》之曲，以造新声二十八解。魏、晋之间，但歌《白纻》诸曲，犹有继者，声有曲折，故"妃呼豨"、"几令吾"之属，间杂声气。寻《晋语》载惠公改葬共世子，臭达于外，国人诵之曰："威兮怀兮，各聚尔有以待所归兮，猗兮违兮，心之哀兮。""威怀"、"猗违"，皆曲折咏叹之词，旧读以为有实义者，非也。乐府可歌，故其辞若自口出，后人虽欲摹拟，既失其音，皮之不存，毛将焉傅矣？然古人即辞题署，而后人虚拟其名，何世蔑有？《破斧》、《候人》、《燕燕于飞》诸篇，皆虞、夏旧曲也。见《吕氏春秋·音初》篇。周之诗人,因其言以成己意。且周世里巷歌谣,本有《折杨》、《皇华》,文见《庄子》。《皇华》即《小雅》之篇,而里巷袭其语;《折杨》以后,李延年二十八解复有云《折杨柳》者,此皆转相因袭者也。世言乐府声律既亡,后嗣不宜复作。此则今日俗词,宁合宋人宫律,然犹绵延勿替,何哉? 乐府或时无韵,是犹《周颂》诸篇,不应常节,盖其逗留曲折,非韵所持,故诗之特异也。若乃古今异音,部类离合,代有迁变,文士不达其意,喜改今韵以就方言,词之末流,有过于郑声者。而世或言乐府兴于巷陌,方国殊致,何必正音。不悟乐府虽变,其为夏音则同,未有泯乱大略者也。金元以降,多杂塞外方音,宋世所未淆乱,而皆猎其部次。夫载祀相隔,不愈七世,声韵乃远离其本,明自他族挟之以变,非自变也。孙卿云:"使夷俗邪音不敢乱雅,太师之事。"夫词与南北曲者,通俗之用。乐府则已古矣,蒙古异音,夏侯宽、杜夔诸公,岂能知其节邪? 或曰:李延年已采西域之音,以为武乐,隋世亦有西凉、龟兹、天竺、康国、疏勒、安国诸部,今之词自龟兹乐来,何见夷音不可用也? 应之曰:四夷之乐,用于朝会祭祀燕飨,自《周官》铫师、鞮鞻氏见其端。《小雅》曰:"以雅以南。"传曰:"东夷之乐曰昧,南夷之乐曰南,西夷之乐曰朱离,北夷之乐曰禁,以为籥舞。""朱离",《后汉书·班固传》作"兜离"。《白虎通义》省言"兜"。周时"朱"音如"兜","兜离"则所谓"摩诃兜勒"者。西域即用梵语,"摩诃"译言"大","兜勒"、"兜离"译言"声音高朗"。其音本作"觞萝"，"萝"字弹舌,"觞萝"为形容语。若作名词,即是"觞勒"，但周、汉无"麻"部音,故书作"兜勒"、"兜离"耳。"离"字古本音"萝",《诗传》作"朱离",音亦如"兜萝"也。明自张骞以上,鞮鞻氏已用其声歌,然独王者施之,陈于门外,不及侯国。汉世变为新声,是乃因其节奏,而文字调均从中国,犹以假给边将,不及郡县。隋世龟兹乐盛行闾闬,文帝尚云"无复正声,不祥之大"。今之燕乐,即此胡戎歌也。其辞变夷从汉,亦与李延年同法。故自唐及北宋,词与官韵,未相出入。此则名从主人,物从中国,古之制也。今纵不能复雅乐,犹宜存其节制。词已失其律度,南北曲复曼衍不可究论,然叶音宜以官韵为准。乐府者,最近古初,就古二十二部,稍稍为之分合,以存汉、魏、两晋之声。于是有知律者,为之调其弦匏笙簧而已矣。

诸四言韵语者,皆诗之流,而今多患解弛。箴之为体,备于杨雄诸家。其语长短不齐,陆机所谓"顿挫清壮"者,有常则矣。自馀四言,世多宗法李斯,间三句以为韵,其势易工。如其辞旨,宜本之情性,参之故训,稽之典礼,去其缛采,泯其华饰,无或糅杂故事以乱章句。先民有言:"既雕既琢,复归于朴。"此之谓也。近世曾国藩独慕《汉书叙传》。四言之用，自汉世已衰，《叙传》虽非其至，自《雅》《颂》以下，独有李斯、韦孟、杨雄、班固四家，复欲陵轹其上，固以难矣。韩愈稍欲理其废绝，辞已壮丽，博而不约，鲜温润之音，学之虽至，犹病傀怪，不至乃犷犷如豺狼声，讵非正以《雅》《颂》，其可为典刑耶？若夫碑版之辞，蝉嫣不绝，体以四言，末则不韵，此自汉碑已导其原，韩愈尚优为之。然唐人多意造辞，近人或以为戒。余以为造辞非始唐人，自屈原以逮南朝，谁则不造辞者？古者多见子夏、李斯之篇，故其文章都雅，造之自我，皆合典言。后世字书既已乖离，而好破碎妄作，其名不经，雅俗之士，所由以造辞为戒也。若其明达雅故，善赴曲期，虽造辞则何害？不然，因缘绪言，巧作刻削，呼仲尼以"龙蹲"，斥高祖以"隆准"，指兄弟以"孔怀"，称在位以"曾是"，此虽原本经纬，非言而有物者矣。

正赍送

葬不欲厚，祭不欲渎，靡财于一奠者此谓贼，竭思于祝号者此谓诬。诸为归人篹述者，亦赍送之事也，不得其职，甚乎以璠玙敛矣。古者吊有伤辞，谥有诔，祭有颂，其余皆祷祝之辞，非著竹帛者也。《上曲礼》："知生者吊，知死者伤。"《正义》曰：吊辞口致命，伤辞书之于版。《既夕礼》："知死者赗，知生者赙。书赗于方，若九若七若五。"诸在版者，皆百名以下，其字有定。赗之多者，不过九行；伤辞多者，不过百字。上世作者，虽若灭若没哉，观魏武帝过桥玄墓，不忘畴昔，为辞告奠，其文约省，哀戚为已隆矣。斯盖古之令轨，为法于今者乎。

诔者，诔其行迹而为之谥。《记·曾子问》曰："贱不诔贵，幼不诔长。""天子称天以诔之。"《周官·大史》："遣之日读诔。"《文章流别传》曰："诗颂箴铭之篇，皆有往古成文，可放依而作。惟诔无定制，故作者多异焉。见于典籍者，《左传》有鲁哀公为孔子诔。"《文心雕龙》及《御览》五百九十六引。《列女传》述鲁展禽妻诔夫事。古者诸侯相诔，犹谓之失，况以燕昵自诔其夫？似后生所托也。《诗传》曰："丧纪能诔，可以为大夫。"大夫不当有诔人事，盖称君命为之辞。《周礼·春官·御史》："掌赞书"，后郑以为佐作诏令，按《汉书·周荣传》：尚书陈忠上疏荐荣子兴曰：尚书出纳帝命，为王喉舌。臣等既愚暗，而诸郎多文俗吏，鲜有雅材，每为诏文，宣示内外，转相求请。或以不能而专己自由，辞多鄙固。是则周汉王言亦由假手，惟汉初高祖孝文，或亲自作诏耳。诔亦视此。

讫于新氏，杨雄不在史官而诔元后；后汉大司马吴汉薨，杜笃以狱囚上诔。由是贱有诔贵者矣。宗庙之乐，天子有颂，以其成功告于神明。自下盖谓之祠。春祭曰祠，品物少多文辞也。太祝六辞，一曰祠，旧读以为《辞令》，盖未谛。若夫攻说之文，对于神祇，非用之人鬼者也。凡此三族，后世稍分为十余种，而或施诸刻石。文敝者宜返质，谓当刊劙殊名，言从其本。自伤辞出者，后有吊文。贾谊《吊屈原》，相如《吊二世》，录在赋篇，其特为文辞而迹可见于今者。若祢衡《吊张衡》，陆机《吊魏武帝》，斯皆异时致闵，不当棺柩之前，与旧礼言吊者异。惟束皙吊卫巨山、萧孟恩二首，斯得职耳。

今之祭文，盖古伤辞也。丧礼奠而不祭，故《既夕礼》曰：若奠，"受羊如受马"。兄弟赗奠可也，所知则赗而不奠。今在殡宫而命以祭，言则不度。《文章缘起》曰：后汉车骑郎杜笃始作《祭延钟文》，不知其吉祭耶，抑丧奠也？神固不歆非类，虽在吉祭，于古未有异姓为主者。士礼既崩，近世或有功德在民祭于州邑，及夫往世特达之士，比干、夷、齐、鲁连、郑康成之伦，庙祀犹在。有特豚鱼菽之祭，为之祭文可也。其旁出者有哀辞。《文章流别传》曰："崔瑗、苏顺、马融等为之，率施于童殇夭折，不以寿终者。"《御览》五百九十六引。盖死而不吊者三：畏厌溺、长殇以下与鲜死者同列。不可致吊，于是为之哀辞。礼以义起，是故马仲都以元舅车骑将军之重，从驾溺死，明帝命班固于马上三十步为哀辞。同上引。盖君臣慎礼,不以贵宠越也。今人以哀辞施诸寿终,斯所谓失伦者。卫巨山为楚王玮矫诏所诛,方之旧典,宜哀辞。而束皙自郡赴丧,为文以吊,亦少褒矣。其余挽歌之流,当古虞殡,徒役相和,若春杵者有歌焉,不在士友。有伤辞则吊文、挽歌可以省。

自诔出者,后有行状。诔之为言,纍其行迹而为之谥。故《文心雕龙》曰:"序事如传,辞靡律调,诔之才也。"此则后人行状,实当斯体。唐世行状,以上考功,固为议谥作也。然以诔无恒制,多制华辞,为方人之言。《圣贤群辅录》列二十四状,皆与序事有异。且作状者既为先贤,即与读诔议谥异用。《文章缘起》曰:汉丞相仓曹傅幹始作杨元伯行状。旧作傅胡幹误。盖汉末文士,事不师古,以意题别其名。其时别传又作,汉司空李郃有家书,见《续汉书·祭祀志》注引。荀氏亦有家传,斯并谱牒之细。其越代作传者,又异是。若《管辂别传》,作于弟辰,斯行状之方也。知行状为诔者,则行状可以省。今人议谥,上不因诔,下不缘行状,诔与行状皆空为之。欲辨章是非、记其伐阅者,独宜为别传。诔、行状所以议谥,谥有美恶,而诔、行状皆谀,不称其职。别传作于故旧,其佞犹多,在他人斯适矣。

自颂出者,后有画像赞,所谓形容者也。《文章缘起》曰:司马相如始为《荆轲赞》。闻之旧训,赞者佐也,《士冠礼》、《士昏礼》注。助也。《天官·太宰》注。孔子赞《易》,《礼》有赞《大行》,班固《汉书》赞及《食货》、《郊祀》、《沟洫》诸志。非独纪传,然则赞者佐助其文,非褒美之谓也。言辞不尽,更为增广,在赋称重,在六艺、诸子称赞。《荆轲赞》今不可见,而《七略》杂家有《荆轲论》五篇,司马相如所次。论有不足,辅之以赞,自佐其论,非以佐轲。诸为画像赞者,佐其图画,非佐其人。世人昧于字训,以赞为褒美之名。画像有颂,自杨雄颂赵充国始。斯则形容物类,名实相应。赞之用不专于画像,在画像者,乃适与颂同职,其同异之故宜定。

若夫铭刻之用,要在符契。孔琳之有言:官莫大于皇帝,爵莫尊于公侯。而传国之玺,列代递用;袭封之印,奕世相传。此其最朴略者已。《周礼》大约剂书于宗彝,小约剂书于丹图。宗彝有铭,圣人之操左契;其在下士,王褒僮约,亦决券而书之,非以扬功德也。诸有服器,物勒工名以致其诚,非以事鬼神也。上自槃盂,下逮几杖,皆有辞以自饬,非以祝寿考也。钟鼎庸器,告于神明,周之尸臣,卫之孔悝,莫敢僭颂名,而叔世立石自颂变。秦始皇太山诸刻,犹不称碑。其后死人之里,鬼神之宅,刻碑者浸众。碑表、神道、石阙,其始皆在寝庙,后扡于墓。宫庭有碑,以此识景,庙则从之,又丽牲焉。《记·檀弓》曰:"公室视丰碑,三家视桓楹。"桓楹故谓之表。及其在墓,碑者所以下棺,表即无有。汉世乃增建之。石阙者,《周官》所谓象魏。梁陆倕为《石阙铭》,正在两观。然自舜墓已为石郭,故《楚语》曰:楚灵王"筑台于章华之上,阙为石郭,陂汉,以象帝舜"。象九疑之匃也。神道者,《说文》云:"场,祭神道也。"《释宫》曰:"庙中路谓之唐。"唐即场字。索祭祝于祭,自祭而入,故其路谓之神道。汉有《嵩山太室神道石阙铭》,与《说文》言场相应。《周礼》天神地祇,不祭于屋下,太室立庙,亦不应礼。此但证庙有神道耳。其后墓道象之。孟子曰:孔子殁,子贡筑室于场。则庙有神道矣。自汉以降,碑表二名转相乱,及今无有知神道为庙制者。守文不综其实,因以盲瞽。

观汉世刻石,称铭者记其物,称颂者道其辞,斯则刻石皆颂也。周制天子始有颂,记言善颂善祷,谓善形容,非真作颂。于汉则下逮庶官,名号从是弛矣。昔鲁有《駉颂》,自季孙行父请周,而史克作之。汉杨雄为《赵充国颂》,犹奉天子命也。《文章缘起》曰:汉惠帝始为四皓碑,犹帝者赐之也。今以匹士专作颂辞,与贱者谏贵等。虽然,自朱穆、蔡邕私立谥号,苟爽闻而非之。张璠以为谥者上之所赠,非下之所造,朱、蔡各以衰世臧否不立,故私议之。准是则立碑固不可训。后汉士庶,专务朋游,故吏私人,党附旧主,鸱枭之恶,喻以凤皇,斗筲之材,比于伊、管,称誉过情,有乱观听。延及宋世,裴松之以良史部属,陈议禁断,诚惧其妨正也。唐律诸在官长吏实无政迹,辄立碑者,徒一年;若遣人妄称己善申请于上者,杖一百。有臧重者坐臧论,受遣者各减一等。然犹许死者立碑,为之等制。夫生人立碑则乱政,死者立碑则乱史。生人遣人有臧,为死者遣人独无臧邪?汉世碑文,本颂之别,虽有陈序,则考绩扬榷之辞,不增其事,文胜质故不为史官所取,无害于方策。唐世渐失其度,其后浸淫变为序事,与别传同方。别传幸有他人所作,辞有进退,不壹于襃扬。碑即自子孙舆金乞贷,其言不得不美。既述其事,虚张功状,睹之若真,终于贞伪捆淆,为史秕稗,可无断乎!汉之立碑,或为处士名德,民所乡往;今乃壹为尸位之夫,乞米以为传。昔人所邮,今虽不为史官,乞米犹易,顾炎武所以恶言义取者也。

又自胡元以降,金石略例,代有增损。既崇时制,时制不适,又以前世为准;典度杂糅,未知所乡。今举其要者数事。三公称"公",九卿称"卿",此汉制也。今世既无三公,乃以三品以上蓬乏,自下即称曰"君"。汉世赐爵自列侯至五大夫辈,通得言"君"。买爵既易,宜无有不"君"者。方今封爵至啬,下执事而"君"称之,斯何礼也?若循时制,文官五品以上称"大夫",六品以下称"郎";武官三品以上称"将军",四品以下称"都尉",六品以下称"校尉"。

题曰"某官某大夫"、"某官某郎"、"某官某将军",自下准此,如是亦给矣。今题封赠于上,书"某公"、"某君"于下。"大夫"、"将军"而言"公","郎"、"校尉"而言"君",按,《安陆昭王碑文》称公者,时实赠司徒;《竟陵文宣王行状》称萧公者,时实为太傅,非今人所可借口。称名相驳,其诡一也。汉世太守所居称"府",因以号"府君"。自汉世祖宋武帝以称其祖,不追王,故举其下者尊之,今士庶并题其父曰"府君"。身无半通青纶之命,而有连城剖符之号,其诡二也。周制天子曰"崩",诸侯曰"薨",大夫曰"卒",士曰"不禄",庶人曰"死"。赴于他国,虽君犹称"不禄";赴于君,虽大夫、士谓之"死"。今度制既无明文,殁于官则曰"身故"。若从时制,当书"故"不得书"卒"。书"卒"即背于今。大学士、督抚诸官,或则书"薨"。唐宋之世,辅臣大吏,多有封爵,书"薨"可也;今无爵则不得比诸侯,非诸侯书"薨"又背于古,其诡三也。

且刻石皆铭也,自汉讫今,或前为记叙,后系以铭。记叙已刻石,非铭云何?名实不辨,而琐琐以言式例,古者谓之"放饭流歠,问无齿决"者也。《诗传》曰:"作器能铭,可以为大夫者。"有其器斯铭之,无其器斯不铭矣。今世葬无穸石,庙不丽牲,而空立石为碑,名实既爽,则碑可以废。余念为一人述事者,固有别传。为神庙兴作识其年岁者,刻石作记可也。昔元魏修野王孔子庙,刘明等以为"宣尼大圣，非碑颂所称，宜立记"。其文曰："仲尼伤道不行，欲北从赵鞅，闻杀鸣铎，遂旋车而反。及其后也，晋人思之，于大行岭南，为之立庙，盖往时回辕处也。"见《水经·沁水注》。此则记之与颂，在石有殊。汉世亦尝作《周公礼殿记》，今立庙者宜以为法。其有山谷之士，独行之贤，不见记录，而芳烈在民，立祠堂以昭来许，宜序其行事而已。若夫封墓以为表识，藏志以防发掘，此犹随山刊木，用记地望，本非文辞所施。世言孔子题季札墓，其情伪不可知。就今所摹写者，财有题署，固无记述之文。墓志始作，自王莽大司徒甄邯，见《南史·何承天传》。亦有题署无文辞。及张氏《穿中记》，文稍缛矣。后生作者，杯酒之爱，自谓久要，百年之化，悲其夭枉，于情为失衷，于事为失顺。淫溢不节，权厝亦为之志。作志之情，本以陵谷变迁，虑及久远。权厝者数年之事，当躬自发掘之，于是作志，又违其本情矣。若斯之伦，悉当约省盈辞，裁夺虚作。墨翟、杨王孙之事，虽不可作，要之慎终追远，贯其朴质者也。

下卷　诸子学九篇

原　学

世之言学，有仪刑他国者，有因仍旧贯得之者。细征乎一人，其巨征乎邦域。荷兰人善行水，日本人善候地震，因也。山东多平原大坛，故驺鲁善颂礼；关中四塞便骑射，故秦陇多兵家；海上蜃气象城阙楼橹，恍荟变眩，故九州五胜怪迁之变在齐稷下。因也，地齐使然。周室坏，郑国乱，死人多而生人少，故列子一推分命，归于厌世，"御风而行"，以近神仙。族姓定，阶位成，贵人之子，以武健陵其下，故释迦令桑门去氏，比于四水，入海而咸淡无别。希腊之末，甘食好乐而俗淫湎，故史多揭家务为艰苦，作"自裁论"，冀脱离尘垢，死而宴乐其魂魄。此其政俗致之矣。虽一人亦有旧贯，传曰：良弓之子，必学为箕；良冶之子，必学为裘。故浮屠之论人也，锻者鼓橐以吹炉炭，则教之调气；浣衣者刮摩垢芬，而谕之观腐骨。各从其习，使易就成，犹引茧以为丝也。然其材性发舒，亦往往有长短。短者执旧不能发牙角，长者以向之一，得今之十。是故九流皆出王官，及其发舒，王官所不能与官人守要，而九流究宣其义，是以滋长。短者即循循无所进取。

通达之国，中国、印度、希腊，皆能自恢彉者也。其余因旧而益短拙，故走他国以求仪刑。仪刑之，与之为进，罗甸、日耳曼是矣；仪刑之，不能与之为进，大食、日本是矣；仪刑之，犹半不成，吐蕃、东胡是矣。夫为学者，非徒博识成法，挟前人所故有也。有所自得，古先正之所觊髳，贤圣所以发愤忘食，员舆之上，诸老先生所不能理，往释其惑，若端拜而议，是之谓学。亡自得者，足以为师保，不与之显学之名。视中国、印度、日本则可知已。日本者，故无文字，杂取晋世隶书章草为之，又稍省为假名，言与文缪，无文而言学，已恶矣。今庶艺皆刻画远西，什得三四。然博士终身为写官，更五六岁，其方尽，复往转贩。一事一义，无匃中之造，徒习口说而传师业者，王充拟之，犹邮人之过书，门者之传教。《论衡·定贤》篇。古今书教工拙诚有异，邮与阍皆不与也。中国、印度自理其业，今虽衰，犹自恢彉，其高下可识矣。贷金尊于市，不如己之有苍璧小玑，况自有九曲珠，足以照夜。厥夸毗者，惟强大是信，苟言方略可也，何与于学？夫仪刑他国者，惟不能自恢彉，故老死不出译胥钞撮。能自恢彉，其不亟于仪刑，性也，然世所以侮易宗国者。

诸子之书，不陈器数，非校官之业有司之守，不可按条牒而知，徒思犹无补益。要以身所涉历中失利害之端，回顾则是矣。诸少年既不更世变，长老又浮夸少虑，方策虽具，不能与人事比合。夫言兵莫如《孙子》，经国莫如《齐物论》，皆五六千言耳。事未至固无以为候，虽至非素练其情，涉历要害者，其效犹未易知也。是以文久而灭，节奏久而绝。案《孙子》十三篇，今日本治戎者，皆叹为至精，由其习于兵也。《庄子·齐物论》，则未有知为人事之枢者。由其理趣华深，未易比切，而横议之士，夸者之流，又心忌其害己，是以卒无知者。余向者诵其文辞，理其训诂，求其义旨，亦且二十余岁矣。卒如浮海不得祈向，涉历世变，乃始谍然理解，知其剀切物情。《老子》五千言，亦与是类，文义差明。不知者多以清谈忽之，或以权术摈之。有严复者，立说差异，而多附以功利之说，此徒以斯宾塞辈论议相校耳，亦非由涉历人事而得之也。即有陈器数者，今则愈古。谓历史、典章、训诂、音韵之属。故书有谱录平议以察，今之良书，无谱录平议，不足以察。而游食交会者又邕之。游食交会，学术之帷盖也，外足以饰，内足以蔽人。使后生侹侹无所择，以是旁求显学，期于四裔。四裔诚可效,然不足一切颖画以自轻鄙。何者? 饴盋酒酪,其味不同,而皆可于口。今中国之不可委心远西,犹远西之不可委心中国也。

校术诚有诎,要之短长足以相覆。今是天籁之论,远西执理之学弗能为也。遗世之行,远西务外之德弗能为也。十二律之管,吹之,捣衣舂米皆效情,远西履弦之技弗能为也。神输之针,灼艾之治,于足治头,于背治匈,远西刲割之医弗能为也。氏族之谱,纪年之书,世无失名,岁无失事,远西阔略之史弗能为也。不定一尊,故笑上帝;不迩封建,故轻贵族;不奖兼并,故弃代议;不诬烝民,故重灭国;不恣兽行,故别男女。政教之言,愈于彼又远。下及百工将作,筑桥者垒石以为空阅,旁无支柱,而千年不坏;织绮者应声以出章采,奇文异变,因感而作,犹自然之成形,阴阳之无穷。傅子说马钧作绫机,其巧如此。然今织师往往能之。割烹者斟酌百物以为和味,坚者使毳,淖者使清,泊者使腴,令菜茹之甘,美于刍豢。次有围棋、柔道,其巧疑神。孰与木杠之窳、织成之拙、牛菔之哑、象戏之鄙、角抵之钝? 又有言文歌诗,彼是不能相贸者矣。

夫赡于己者,无轻效人。若有文木,不以青赤雕镂,惟散木为施镂。以是知仪刑者散,因任者文也。然世人大共僄弃,以不类远西为耻。余以不类方更为荣,非耻之分也。《老子》曰:“天下皆谓我道大，似不肖。夫惟大，故似不肖；若肖，久矣其细也夫。"此中国、日本之校已。

原　儒

儒有三科，关达、类、私之名。达名为儒，儒者，术士也。《说文》。太史公《儒林列传》曰："秦之季世"，"坑术士"；而世谓之坑儒。司马相如言："列仙之儒，居山泽间。形容甚臞。"《汉书·司马相如传》语，《史记》儒作传，误。赵太子悝亦语庄子曰："夫子必儒服而见王，事必大逆。"《庄子·说剑》篇。此虽道家方士言儒也。《盐铁论》曰："齐宣王褒儒尊学，孟轲、淳于髡之徒受上大夫之禄，不任职而论国事。盖齐稷下先生千有余人，湣王矜功不休，诸儒谏不从，各分散。慎到、捷子亡去，田骈如薛，而孙卿适楚。"《论儒》。王充《儒增》、《道虚》、《谈天》、《说日》、《是应》，举儒书所称者，有鲁般刻鸢，由基中杨，李广射寝石，矢没羽，荆轲以匕首摘秦王、中铜柱入尺，女娲销石，共工触柱，鲧鳙治狱，屈轶指佞，黄帝骑龙、淮南王犬吠天上、鸡鸣云中，日中有三足乌，月中有兔蟾蜍。是诸名籍，道、墨、刑法、阴阳、神仙之伦，旁有杂家所记，列传所录，一谓之儒，明其皆公族。

儒之名盖出于需。需者，云上于天，而儒亦知天文、识旱潦。

何以明之？鸟知天将雨者曰"鹬"。《说文》。舞旱暵者以为衣冠，《释鸟》：翠鹬，是鹬即翠。《地官·舞师》：教皇舞，帅而舞旱暵之事。《春官·乐师》有皇舞。故书皇皆作"翌"。郑司农云：翌舞者，以羽覆冒头上，衣饰翡翠之羽，寻旱暵求雨而服翡翠者，以翠为知雨之鸟故。鹬冠者，亦曰术氏冠，《汉·五行志》注引《礼图》。又曰圜冠。庄周言儒者冠圜冠者知天时，履句屦者知地形，缓佩玦者事至而断。《田子方》篇文，《五行志》注引《逸周书》，文同《庄子》，圜字作鹬。《续汉书·舆服志》云：鹬冠前圜。明灵星舞子吁嗟以求雨者谓之儒，故曾晳之狂而志舞雩，原宪之狷而服华冠，华冠，亦名建华冠。《晋书·舆服志》以为即鹬冠，华皇亦一声之转。皆以怂世为巫，辟易放志于鬼道。阳狂为巫，古所恒有，曾、原二生之志，岂以灵保自命哉。董仲舒不喻斯旨，而崇饰土龙，乞效虾蟆，燔靡荐脯，以事求雨，其愚亦甚。古之儒知天文占候，谓其多技，故号遍施于九能，诸有术者悉晐之矣。

　　类名为儒，儒者，知礼乐射御书数。《天官》曰：儒以道得民。说曰：儒，诸侯保氏，有六艺以教民者。《地官》曰：联师儒。说曰：师儒，乡里教以道艺者。此则躬备德行为师，效其材艺为儒。养由基射白猿，应矢而下；尹需学御三年，受秋驾。《吕氏》曰：皆六艺之人也。《吕氏春秋·博志》篇。明二子皆儒者，儒者则足以为桢干矣。

私名为儒。《七略》曰："儒家者流,盖出于司徒之官,助人君顺阴阳明教化者也。游文于六经之中,留意于仁义之际,祖述尧、舜,宪章文、武,宗师仲尼,以重其言,于道为最高。"周之衰,保氏失其守,史籀之书,商高之算,蠭门之射,范氏之御,皆不自儒者传。故孔子曰:"吾犹及史之阙文也,有马者借人乘之,今亡矣夫。"盖名瞀乱,执辔调御之术,亦浸不正。自诡鄙事,言君子不多能,为当世名士显人隐讳。及《儒行》称十五儒,《七略》疏晏子以下五十二家,皆粗明德行政教之趣而已,未及六艺也。其科于《周官》为师,儒绝而师假摄其名。然自孟子、孙卿,多自拟以天子三公。智效一官,德征一国则劣矣。而末流亦弥以哗世取宠。及郦生、陆贾、平原君之徒,铺歠不廉,德行亦败,乃不如刀笔吏。

是三科者,皆不见五经家。往者,商瞿、伏胜、穀梁赤、公羊高、浮丘伯、高堂生诸老,《七略》格之,名不登于儒籍。若《孙卿书叙录》云:"韩非号韩子,又浮丘伯,皆受业为名儒。"此则韩非、浮丘并得名儒之号,乃达名矣。《盐铁论·毁学》篇云:包丘子修道白屋之下,乐其志,或亦非专治经者。儒者游文,而五经家专致,五经家骨鲠守节过儒者,其辩智弗如。传经之士,古文家吴起、李克、虞卿、孙卿而外,知名于七国者寡。儒家则孟子、孙卿、鲁连、甯越皆有显闻。盖五经家不务游说,其才亦未逮也。至汉则五经家复以其术取宠,本末兼陨,然古文家独异是。古文家务求是，儒家务致用，亦各有适，兼之者李克、孙卿数子而已。五经家两无所当，顾欲两据其长，《春秋》断狱之言，遂为厉于天下。此其所以为异。自太史公始以儒林题齐、鲁诸生，徒以润色孔氏遗业，又尚习礼乐弦歌之音，乡饮大射，事不违艺，故比而次之。及汉有董仲舒、夏侯始昌、京房、翼奉之流，多推五胜，又占天官风角，与鹬冠同流。草窃三科之间，往往相乱。晚有古文家出，实事求是，征于文不征于献，诸在口说，虽游、夏犹黜之，斯盖史官支流，与儒家益绝矣。

　　冒之达名，道、墨、名、法、阴阳、小说、诗赋、经方、本草、蓍龟、形法，此皆术士，何遽不言儒。局之类名，蹴鞠弋道近射，历谱近数，调律近乐，犹虎门之儒所事也。若以类名之儒言，赵爽、刘徽、祖暅之明算，杜夔、阮咸、万宝常之知乐，悉古之真儒矣。今独以传经为儒，以私名则异，以达名类名则偏。要之题号由古今异。儒犹道矣，儒之名于古通为术士，于今专为师氏之守；道之名于古通为德行道艺，于今专为老聃之徒。道家之名，不以题诸方技者，嫌与老氏挹也。传经者复称儒，即与私名之儒淆乱。《论衡·书解》篇曰：著作者为文儒，说经者为世儒。世儒易为，文儒之业，卓绝不循。彼虚说，此实篇。案所谓文儒者，九流六艺太史之属；所谓世儒者，即今文家。以此为别，似可就部，然世儒之称，又非可加诸刘歆、许慎也。孔子曰：今世命儒亡常，以儒相诟病。谓自师氏之守以外，皆宜去儒名便，非独经师也。以三科悉称儒，名实不足以相检，则儒常相伐。故有理情性陈王道，而不丽保氏，身不跨马，射不穿札，即与驳者，则以啙窳诟之，以多艺匡之，是以类名宰私名也。有审方圆正书名，而不经品庶，不念烝民疾痃，即与驳者，则以他技诟之，以致远匡之，是以私名宰类名也。有综九流菌万物，而不一孔父，不鳖蠚为仁义，即与驳者，则以左道诟之，以尊师匡之，是以私名宰达名也。今令术士艺人闳眇之学，皆弃捐儒名，避师氏贤者路，名喻则争自息。不然，儒家称师，艺人称儒，其余各名其家，泛言曰学者；旁及诗赋，而泛言曰文学，文学名，见《韩子》，盖亦七国时泛称也。亦可以无相鏖矣。礼乐世变易，射御于今麤粗，无参连白矢、交衢和鸾之技，独书数仍世益精博。凡为学者，未有能舍是者也。三科虽殊，要之以书数为本。

原　道（上）

孔父受业于征藏史，韩非传其书。儒家、道家、法家异也，有其同。庄周述儒、墨、名、法之变，已与老聃分流。尽道家也，有其异。是樊然者，我乃知之矣。老聃据人事嬗变，议不逾方；庄周者，旁罗死生之变、神明之运，是以巨细有校。儒、法者流，削小老氏以为省。终之其殊在量，非在质也。然自伊尹、太公有拨乱之材，未尝不以道家言为急。《汉·艺文志》道家有《伊尹》五十一篇，《太公》二百三十七篇。迹其行事，以间谍欺诈取人，异于儒法。今可见者，犹在《逸周书》。故周公诋齐国之政，而仲尼不称伊、吕。《管子》者，祖述太公，谓之小器，有由也。《管子》八十六篇亦在道家。

老聃为周征藏史，多识故事，约金版六弢之旨，箸五千言以极其情，则伊、吕亡所用。亡所用故归于朴，若墨翟守城矣。巧过于公输般，故能坏其攻具矣。谈者多以老聃为任权数，其流为范蠡、张良。今以庄周《胠箧》、《马蹄》相角，深黜圣知，为其助大盗，岂遽与老聃异哉！老聃所以言术，将以撢前王之隐慝，取之玉版，布之短书，使人人户知其术则术败。会前世简毕重滞，力不行远，故二三奸人得因自利。及今世有赫蹏雕镂之技，其书遍行，虽权数亦几无施矣。老聃称："古之善为道者，非以明民，将以愚之；民之难治，以其智多。"愚之何道哉？以其明之，所以愚之。今是驵侩则欺冈人，然不敢欺冈其同类，交知其术也，故耿介甚。以是知去民之诈，在使民户知。故曰"以智治国国之贼，不以智治国国之福"。知此两者亦稽式。何谓稽式？谓人有发奸摘伏之具矣。粤无镈，燕无函，秦无卢，胡无弓车，夫人而能之，则工巧废矣。"常知稽式，是谓玄德；玄德深远，而与物反。"伊尹、太公、管仲虽知道，其道盗也。得盗之情以网捕者，莫若老聃。故老聃反于王伯之辅，同于庄周。嬗及儒家，痟矣。若其开物成务以前民用，玄家弗能知，儒者杨雄之徒亦莫识也，知此者韩非最贤。凡周秦解故之书，今多亡佚，诸子尤寡。《老子》独有《解老》、《喻老》二篇。后有说《老子》者，宜据韩非为大传，而疏通证明之。其贤于王辅嗣远矣。《韩非》他篇亦多言术，由其所习不纯。然《解老》、《喻老》未尝杂以异说，盖其所得深矣。非之言曰："先物行先理动之谓前识。前识者，无缘而妄意度也。""以詹何之察，苦心伤神，而后与五尺之愚童子同功。""故曰：前识者，道之华也，而愚之首也。"《喻老》①。夫不事前识，则卜筮废，图谶断，建除、堪舆、相人之道黜矣。巫守既绝，智术穿凿亦因以废，其事尽于征表，此为道艺之根、政令之原。是故私智不效则问人，问人不效则求图书，图书不效则以身按验。故曰绝圣去智者，事有未来，物有未睹，不以小慧隐度也。绝学无忧者，方策足以识梗概。古今异，方国异，详略异，则方策不独任也。不上贤使民不争者，以事观功，将率必出于介胄，宰相必起于州部；不贵豪杰，不以流誉用人也。按不上贤之说，历世守此者寡。汉世选吏多出掾史，犹合斯义，及魏晋间而专徇虚名矣。其后停年格兴，弊亦差少。选曹之官，即古司士，所不得废也。观远西立宪之政，至于朋党争权，树标揭鼓以求选任；处大官者，悉以苞苴酒食得之。然后知老子、韩非所规深远矣。顾炎武、黄宗羲皆自谓明习法制，而多扬破格用人之美，攻选曹拘牵之失，夫乌知法？

名其为简，繁则如牛毛，夫繁故足以为简矣，居故不足以为整暇矣。庄周因之以号"齐物"。齐物者，吹万不同，使其自已。官天下者以是为北斗招摇，不慕往古，不师异域，清问下民以制其中。故相地以衰征、因俗以定契自此始。韩非又重申束之曰："凡物之有形者，易裁割也。何以论之？有形则有短长，有短长则有小大，有小大则有方圆，有方圆则有坚脆，有坚脆则有轻重，有轻重则有白黑。短长、小大、方圆、坚脆、轻重、白黑之谓理。理定而物易割。故议于大庭而后言则立，权议之士知之矣。故欲成方圆而随其规矩，则万物之功形矣。万物莫不有规矩。议言之士，计会规矩也。圣人尽随于万物之规矩，故曰不敢为天下先。"《解老》推此以观，其用至孅悉也。

玄冢或佚荡为简，犹高山之与深渊、黑漆之与白垩也。玄冢之为老，息废事服，吟啸以忘治乱。韩非论之曰："随时以举事，因资而立功，用万物之能而获利其上，故曰不为而成。"《喻老》。明不为在于任官，非旷务也。又曰"法令滋章，盗贼多有"，玄冢以为老聃无所事法。韩非论之曰："一人之作，日亡半日，十日亡五人功。万人之作，日亡半日，十日亡五万人功矣。然则数变业者，其人弥众,其亏弥大。"《解老》。明官府征令不可亟易,非废法也。综是数者,其要在废私智绝县娸。不身质疑事而因众以参伍,非出史官周于国闻者,谁与领此? 然故去古之宥,成今之别,其名当,其辞辩,小家珍说无所容其廷,诸以伪抵谰者,无所阅其奸欺。老聃之言,则可以保傅人天矣。大匠不斫,大庖不豆,故《春秋》宝书之文,任之孔、左。断神事而公孟言无鬼,尚裁制而公孙论坚白,贵期验而王充作《论衡》,明齐物而儒、名、法不道天志。按,儒家、法家皆出于道,道则非出于儒也。韩愈疑田子方为庄子师。按,《庄子》所称巨人明哲,非独一田子方;其题篇者,又有则阳、徐无鬼辈,将悉是庄子师耶? 俗儒又云:《庄子》述《天下》篇,首列六经,明其尊仰儒术。六经者周之史籍,道、墨亦诵习之,岂专儒家之业?

老子之道,任于汉文。而太史公《儒林列传》言孝文帝本好刑名之言,是老氏固与名、法相倚也。然孝文假借便佞,令邓通铸钱布满天下,既悖刑名之术;信任爰盎,淮南之狱,不自责躬,而迁怒县传不发封者,枉杀不辜,戾法已甚,岂老氏所以莅政哉! 盖公汲黯以清净不扰为治,特其一端。世人云:汉治本于黄老。然未足尽什一也。诸葛治蜀,庶有冥符。夫其开诚心布公道,尽忠益时者虽仇必赏,犯法怠慢者虽亲必罚,服罪输情者虽重必释,游辞巧饰者虽轻必戮。庶事精练,物理其本,循名责实,虚伪不齿,声教遗言,经事综物,文采不艳,而过于丁宁周至。公诚之心,形于文墨,老氏所经,盖尽于此。诸葛之缺,犹在上贤。刘巴方略未箸,而云运筹帷幄,吾不如子初远矣。马谡言过其实,优于兵谋,非能亲莅行陈者也,而违众用之以取覆败。盖汉末人士,务在崇奖虚名,诸葛亦未能自外尔。汉世学者,数言救僿以忠;终其所尚,乃在正朔服色徽识之间。不悟礼为忠信之薄,外炫仪容,适与忠反。不有诸葛,谁知其所底哉!杜预为黜陟课,云:使名不越功而独美,功不后名而独隐。亦有不上贤遗意。韩延寿治郡,谢安柄国,并得老氏绪言。而延寿以奢僭致戮,谢安不综名实,皆非其至。其在下者,谈、迁父子其箸也。道家出于史官,故史官亦贵道家。然太史持论,过在上贤。不察功实,李广数败而见称,晁错立效而被黜,多与道家背驰,要其贵忠任质则是也。黄生以汤武弑君,此不明《庄子》意者。七国齐、晋之主,多由强臣盗位,故庄生言之则为抗;汉世天位已定,君能恣行,故黄生言之则为诎。要与伊、吕殊旨,则犹老氏意也。杨王孙之流,徒有一节,未足多尚。晋世嵇康,愤世之流,近于庄氏。李充亦称老子,而好刑名之学,深抑虚浮之士。阮裕谓人不须广学,应以礼让为先,皆往往得其微旨。葛洪虽抵拒老、庄,然持论必与前识、上贤相反。故其言曰:"叔向之母、申氏之子,非不一得,然不能常也。陶唐稽古而失任,姬公钦明而谬授；尼父远得崇替于未兆，近失澹台于形骸；延州审清浊于千载之外，而蔽奇士于咫尺之内。知人之难，如此其甚。郭泰所论，皆为此人过上圣乎！但其所得者，显而易识；其失者，人不能纪。"《抱朴子·清鉴》篇。是亦可谓崇实者矣。

若夫扇虚言以流闻望，借玄辞以文膏粱，适与老子尚朴之义相戾。然则晋之乱端，远起汉末。林宗子将，实惟国蠹。祸始于前王，而衅彰于叔季。若厉上贤之戒，知前识之非，浮民夸士，何由至哉！王粹尝图庄周于室，欲令稽含为赞。含援笔为吊文曰："帝婿王弘远，华池丰屋，广延贤彦，图庄生垂纶之象，记先达辞聘之事，画真人于刻桷之室，载退士于进趣之堂，可谓托非其所，可吊不可赞也。"《晋书·稽含传》。斯足以扬榷诚伪，平章白黑矣。

原　道(中)

老聃不尚贤，墨家以尚贤为极，何其言之反也！循名异，审分同矣。老之言贤者，谓名誉、谈说、才气也；墨之言贤者，谓材力、技能、功伐也。不尚名誉，故无朋党；不尊谈说，故无游士；不贵才气，故无骤官。然则材力、技能、功伐举矣。

墨者曰："以德就列，以官服事，以劳殿赏。"《尚贤上》篇。世之言贤，侈大而不可斠试。朝市之地，蓝井之间，扬徽题褚，以衒其名氏，选者尚曰任众。众之所与，不繇质情，徒一二人眩之也。会在战国，奸人又因缘外交，自暴其声，以舆马瑞节之间而得淫名者众。既不校练，功栝未可知，就有桢材，其能又不与官适。夫茹黄之骏而不可以负重，蔡佗之强而不可以从猎。不检其材，猥以贤遍授之官，违分职之道，则管仲、乐毅交困。是故古之能官人者，不由令名。问其师学，试之以其事，事就则有劳，不就则无劳，举措之分以此。故韩非曰："视锻锡而察青黄，区冶不能以必剑；水击鹄雁，陆断驹马，则臧获不疑钝利。发齿吻形容，伯乐不能以必马；授车就驾而观其末涂，则臧获不疑驽良。观容服，听辞言，仲尼不能以必士；试之官职，课其功伐，则庸人不疑于愚智。"《题学》篇。此夫所谓不尚贤者也。尚贤者，非舍功实而用人；不尚贤者，非投钩而用人。其所谓贤不同，故其名异。不征其所谓而征其名，犹以鼠为璞矣。慎子蔽于势，故曰夫块不失遗，无用贤圣。《庄子·天下》篇。汲黯蔽于世卿，故愤用人如积薪，使后来者居上。诚若二子言，则是名宗大族世为政也。夫老聃曰："三十辐共一毂，当其无有车之用。埏埴以为器，当其无有器之用。凿户牖以为室，当其无有室之用。故有之以为利，无之以为用。"今处中者已无能矣，其左右又益罢，是重尪也。重尪者，安赖有君吏。明其所以任使者，皆股肱毕强，技术辐凑，明刑辟而治官职者也。则此言不尚贤者，非慎、汲之所守也。

君之不能，势所豌矣。何者？辩自己成艺、自己出器、自己造之谓能，待群而成者非能。往古黔首僻陋侗愚，小慧之士得前民造作，是故庖牺作结绳，神农尝百药，黄帝制衣裳，少康为秫酒，皆以其能登用为长。后世官器既备，凡学道立方者，必有微妙之辩、巧钧之技，非绝人事苦心焦形以就则不至。人君者，在黄屋羽葆之中，有料民听事之劳矣。心不两役，欲与畴人百工比巧，犹不得，况其至玒察者！君之能，尽乎南面之术矣。其道简易，不名一器，下不比于瓦缶，上又不足当玉卮。又其成事皆待众人，故虽斥地万里，破敌巨亿，分之即一人斩一级矣。大施钩梯，凿山通道，分之即一人治一坂矣。其事至微浅，而筹策者犹在将吏。故夫处大官载神器者，佻人之功，则剽劫之类也。

己无半技，则奄尹之伦也。然不竟废黜者，非谓天命所属与其祖宗之功足以垂远也。《老子》固曰："无之以为用。"君人者既不觉悟，以是自庶侈，谓名实皆在己。为民主者又弥自憙，是故齐物之论作，而达尊之位成。一国之中，有力不辩官府，而俗以之功，民以之慧，国以之华者，其行高世，其学巨子，其艺大匠，其辞瑰称。有其一者，权藉虽薄也，其尊当拟人主而已矣。凡学术分科至博，而治官者多出于习政令。汉尝黜九流，独任吏，次即贤良、文学。贤良、文学既褊陋，而吏识王度通故事，又有八体之技能窥古始，自优于贤良、文学也。今即习政令最易，其他皆刿心。习易者擅其威，习难者承流以仰咳唾。不平，是故名家有去尊。见《原名》篇。凡在官者名曰仆役，仆役则服因徒之服。当其在官，不与齐民齿。

原　道(下)

人君者，剽劫之类，奄尹之伦。老聃明君术，是同于剽劫、奄尹也？曰：异是。道者，内以尊生，外以极人事，筐析之以尽学术，非独君守矣。故韩非曰："道者，万物之所然，万理之所稽也。理者，成物之文；道者，万物之所以成。""物有理不可以相薄"，而"道尽稽万物之理，故不得不化。不得不化，故无常操；无常操，是以死生气禀焉，万智斟酌焉，万事废兴焉。天得之以高，地得之以藏，维斗得之以成其威，日月得之以恒其光，五常得之以常其位，列星得之以端其行，四时得之以御其变气，轩辕得之以擅四方，赤松得之与天地统，圣人得之以成文章。道与尧、舜俱智，与接舆俱狂，与桀、纣俱灭，与汤、武俱昌。"譬诸饮水，溺者多饮之即死，渴者适饮之即生。譬若剑戟，愚人以行忿则祸生，圣人以诛暴则福成。故得之以死，得之以生，得之以败，得之以成。《解老》。此其言道,犹浮屠之言如耶。译皆作真如,然本但一如字。有差别此谓理,无差别此谓道。死生、成败皆道也,虽得之犹无所得,齐物之论由此作矣。韩非虽《解老》,然佗篇娓娓以临政为齐,反于政必黜,故有《六反》之训《五蠹》之诟。夫曰"斩敌者受赏,而高慈惠之行;拔城者受爵禄,而信廉爱之说;坚甲厉兵以备难,而美荐绅之饰;富国以农,距敌恃卒,而贵文学之士;废敬上畏法之民,而养游侠私剑之属。举行如此,治强不可得也。"《五蠹》。

然不悟政之所行与俗之所贵,道固相乏,所赏者当在彼,所贵者当在此。今无慈惠廉爱,则民为虎狼也;无文学,则士为牛马也。有虎狼之民、牛马之士,国虽治、政虽理,其民不人。世之有人也,固先于国。且建国以为人乎,将人者为国之虚名役也?韩非有见于国,无见于人;有见于群,无见于孑。政之弊,以众暴寡,诛岩穴之士。法之弊,以愚割智。"无书简之文,以法为教;无先王之语,以吏为师。"《五蠹》。今是"有形之类,大必起于小;行久之物,族必起于少",《喻老》。韩非之所知也。众所不类,其终足以立悉民,蓬艾之间,有陶铸尧、舜者。故众暴寡非也。其有回遹乱常与众不适者,法令所不能治,治之益甚,民以情伪相攻即自败。故《老子》曰:"常有司杀者杀。夫代司杀者杀,是谓代大匠斫。"韩非虽贤,犹不悟。且韩非言大体,固曰"不引绳之外,不推绳之内;不急法之外,不缓法之内"矣。《大体》。明行法不足具得奸邪?贞廉之行可贱邪?"不逆天理,不伤情性。"《大体》。人之求智慧辩察者,情性也。文学之业可绝邪?"荣辱之责,在于己,不在于人。"《大体》。匹夫之行可抑邪?

庄周明老聃意,而和之以齐物。推万类之异情,以为无正味正色,以其相伐,使并行而不害。其道在分异政俗,无令干位。故曰得其环中以应无穷者,各适其欲以流解说,各修其行以为工宰,各致其心以效微妙而已矣。政之所具,不过经令;法之所禁,不过奸害。能说诸心,能研诸虑,以成天下之亹亹者,非政之所与也。采药以为食,凿山以为宫,身无室家农圃之役,升斗之税,不上于王府,虽不臣天子,不耦群众,非法之所禁。版法格令,不得剟一字也。操奇说者能非之,不以非之剟其法,不以尊法罪其非。君臣上下,六亲之际,雅俗所守,治眇论者所驳也;守之者不为变,驳之者无所刑。国有群职,王公以出治,师以式民,儒以通古今会文理,百工以审曲面势立均出度,其权异,其尊不异。地有九州,赋不齐上下,音不齐清浊,用不齐器械,居不齐宫室。其枢同,其取予不同,皆无使相干也。夫是之谓大清明,夫是之谓"天下之至柔,驰骋天下之至坚"。法家者,削小老氏以为省。能令其国称娓,而不能与之为人。党得庄生绪言以自饬省,赏罚不厌一,好恶不厌岐；一者以为群众，岐者以优匹士。因道全法，则君子乐而大奸止。

其后独王弼能推庄生意，为《易略例》，明一以《彖》。曰："自统而寻之，物虽众，则知可以执一御也。由本以观之，义虽博，则知可以一名举也。处旋机以观大运，则天地之动未足怪也；据会要以观方来，则六合辐凑未足多也。故举封②之名，义有主矣；观其《彖》辞，则思过半矣！夫古今虽殊，军国异容，中之为用，故未可远也。品制万变，宗主存焉。"《明彖》。明岐以《爻》，曰："情伪之动，非数之所求也。故合散屈伸，与体相乖。形躁好静，质柔爱刚；体与情反，质与愿违。巧历不能定其算数，圣明不能为之典要。法制所不能齐，度量所不能均也。""召云者龙，命吕者律。二女相违，而刚柔合体。隆墀永叹，远壑必盈。投戈散地，则六亲不能相保；同舟而济，则胡越何患乎异心。故苟识其情，不优乖违；苟明其趣，不烦强武。"《明爻通变》。推而极之，大象准诸此，宁独人事之云云哉！道若无岐，宇宙至今如抟炭，大地至今如孰乳已。

原　名

《七略》记"名家者流，出于礼官。古者名位不同，礼亦异数"。孙卿为《正名》篇，道"后王之成名：刑名从商，爵名从周，文名从礼。散名之加于万物者,则从诸夏之成俗曲期"。即礼官所守者,名之一端,所谓爵名也。庄周曰:"《春秋》以道名分。"《天下》篇。盖颇有刑、爵、文,其散名犹不辩。五石六鶂之尽其辞,已榷略矣。且古之名家,考伐阅,程爵位。至于尹文,作为华山之冠,表上下平。《庄子·天下》篇及注。而惠施之学去尊。《吕氏春秋·爱类》篇,匡章谓惠子曰:公之学去尊,今又王齐王,何其到也! 此犹老、庄之为道,与伊尹、太公相塞。诚守若言,则名号替,徽识绝,朝仪不作,绵蕝不布。民所以察书契者,独有万物之散名而已。曲学以徇世,欲王齐王以寿黔首之命,免民之死,是施自方其命,岂不悖哉! 自吕氏患刑当作形。名异充,声实异谓,既以若术别贤不肖矣;《吕氏春秋·正名》篇。其次刘劭次《人物志》,姚信述《士纬》,魏文帝箸《士操》,卢毓论《九州人士》,皆见《隋书·经籍志》名家。皆本文王官人之术,又几反于爵名。案,《魏志·邓艾传》注引荀绰《冀州记》曰,爰俞清贞贵素,辩于论议,采公孙龙之辞,以谈微理。是魏晋间自有散名之学,而世不传,盖所趣在品题人物,不嗜正名辩物之术也。

然自州建中正,而世谓之奸府,浸以见薄。刑名有邓析传之,李悝以作具律,杜预又革为晋名例。其言曰:"法者,盖绳墨之断例,非穷理尽性之书也。故文约而例直,听直而禁简。例直易见,禁简难犯。易见则人知所避,难犯则几于刑厝。厝刑之本,在于简直，故必审名分。审名分者，必忍小理。古之刑书，铭之钟鼎，铸之金石，所以远塞异端，使无淫巧。今所注皆网罗法意，格之以名分，使用之者执名例以审趣舍，伸绳墨之直，去析薪之理。"《晋书·杜预传》。其条六百二十，其字二万七千六百五十七，而可以左右百姓。下民称便，惟其审刑名，按，篆代法律，惟晋律为平恕，今竟亡佚，亦民之无禄也。尽而不污，过爵名远矣。然皆名之一隅，不为纲纪。《老子》曰："名可名，非常名。"名者，庄周以为化声，孙卿亦云名无固宜，故无常也。然约定俗成则不易，可以期命万物者，惟散名为要，其他乃与法制推移。自惠施、公孙龙，名家之杰，务在求胜，其言不能无放纷，尹文尤短。察之儒、墨，墨有《经》上、下，儒有孙卿《正名》，皆不为造次辩论，务穷其柢。鲁胜有言，取辩乎一物，而原极天下之污隆，名之至也。墨翟、孙卿近之矣。

凡领录散名者，论名之所以成，与其所以存长者，与所以为辩者也。名之成，始于受，中于想，终于思。领纳之谓受，受非爱憎不箸；取像之谓想，想非呼召不征；造作之谓思，思非动变不形。本《成唯识论》所说。名言者，自取像生。故孙卿曰："缘天官。凡同类同情者，其天官之意物也同；故比方之疑似而通。是所以共其约名以相期也。"以上《正名》篇文。此谓想随于受，名役于想矣。又曰："心有征知。征知，则缘耳而知声可也，缘目而知形可也；然而征知必将待天官之当簿其类然后可也。"《正名》篇文。接于五官曰受,受者谓之当簿。传于心曰想,想者谓之征知。一接焉一传焉曰缘,凡缘有四。识以所对之境为所缘缘。五识与意识迭相扶助,互称为增上缘。凡境像名言义理方在意识,而能引续不断,是有意根,故前识于后识为等无间缘。一切心物之因,名曰阿赖耶识,为因缘。增上缘者,谓之缘耳知声、缘目知形,此名之所以成也。名虽成,藏于胸中,久而不渝,浮屠谓之法。色声香味触,皆感受者也。感受之境已逝,其相犹在,谓之法。《墨经》曰:"知而不以五路,说在久。"说曰:"智者若疟病之之于疟也。上之字训者。智以目见,而目以火见,而火不见,惟以五路知。久,不当以目见。若以火。"《经下》及《经说下》。此谓疟不自知,病疟者知之;火不自见,用火者见之。是受想之始也,受想不能无五路。及其形谢,识笼其象而思能造作。见无待于天官,天官之用亦若火矣。

五路者,若浮屠所谓九缘:一曰空缘,二曰明缘,三曰根缘,四曰境缘,五曰作意缘,六曰分别依,七曰染净依,八曰根本依,九曰种子依。自作意而下,诸夏之学者不亟辩,泛号曰智。目之见,必有空、明、根、境与智。耳不资明,鼻舌身不资空,独目为其五路。既见物已,虽越百旬,其像在,于是取之,谓之独影。独影者,知声不缘耳,知形不缘目,故曰不当。不当者,不直也,是故赖名。

曩令所受者逝，其想亦逝，即无所仰于名矣。此名之所以存也。泰始之名，有私名足也；思以综之，名益多。故《墨经》曰："名，达、类、私。"《经上》。孙卿曰："万物虽众，有时而欲遍举之，故谓之物。物也者，大共名也。""有时而欲偏举之，故谓之鸟兽。鸟兽也者，大别名也。"《正名》。若则骐骊骝骊为私，马为类，畜为达，兽为别，物为共也。有时而欲摄举之，丛马曰驷，丛人曰师，丛木曰林，丛绳曰纲，浮屠以为众法聚集言论。《瑜伽师地论》十六说，下同。孙卿曰："单足以喻则单；单不足以喻则兼。"《正名》。人马木绳，单矣；师驷林网，兼矣。有时而欲辨异，举之，以药为丸，其名异，自和合起。如雀卵、茹蔫、乌贼，合以为丸。其药各殊，其丸是一。以瓶为败瓦，其名异，自碎坏起。以谷为便利，其名异，自转变起。以金带钩为指环，俄以指环为金带钩，其名异，自加功起。浮屠以为非常言论。孙卿曰：物有同状而异所者，虽可合，谓之二实。有异状而同所者，谓之化。"有化而无别，谓之一实。"《正名》。此名之所以长也。诸同类同情者，谓之众同分。其受想同，其思同，是以有辩。辩所依隐有三。《墨经》曰："知，闻、说、亲、名、实、合、为。"说曰："知：传受之，闻也。方不障，即障字。说也。身观焉，亲也。所以谓，名也。所谓，实也。名实偶，合也。志行，为也。"《经上》及《经说上》。亲者，因明以为现量。说者，因明以为比量。闻者，因明以为声量。案,传受为闻,故曰声量。往古之事,则征史传;异域之状,则察地志。皆非身所亲历,亦无术可以比知,其势不能无待传受。然印度诸宗,所甄独在名理,故声量唯收圣教,亦名为圣教量。诸宗哲学,既非一轨,各持其圣教量以为辩,则违自敌共许之律。故自陈那以后,独用现量、比量,而圣教量遂废。若夫史传地志,天下所公,则不得独废也。要之圣教量者,特声量之一端。

赤白者,所谓显色也。方圆者,所谓形色也。宫徵者,所谓声也。薰殟者,所谓香也。甘苦者,所谓味也。坚柔、燥湿、轻重者,所谓触也。遇而可知,历而可识,虽圣狂弗能易也,以为名种,以身观为极。阻于方域,蔽于昏冥,厹于今昔,非可以究省也。而以其所省者,善隐度其未所省者。是故身有五官,官簿之而不谛审,则检之以率。从高山下望奰上,木矹矹若箸;日中视日,财比三寸盂,且莫乃如径尺铜槃,校以句股重差,近得其真也。官簿之而不遍,则齐之以例,故审堂下之阴,而知日月之行、阴阳之变;见瓶水之冰,而知天下之寒、鱼鳖之藏也。尝一脔肉,而知一镬之味、一鼎之调。官簿之而不具,则仪之以物。故见角帷墙之端,察其有牛;飘风堕曲尘庭中,知其里有酿酒者。其形虽隔,其性行不可隔,以方不障为极。有言苍颉隶首者,我以此其有也,彼以此其无也。苍颉隶首之形不可见,又无端兆足以拟有无;虽发冢得其骷骨，人尽有骨，何遽为苍颉隶首？亲与说皆穷，征之史官故记，以传受之为极。今辩者所持，说尔，违亲与闻，其辩亦不立。违于亲者，因明谓之现量相违。违于闻者，因明谓之世间相违。如言冰热火寒，此现量相违者也。如未至天山，而言天山无有，此世间相违者也。此所以为辩者也。

辩说之道，先是其旨，次明其柢，取譬相成，物故可形，因明所谓宗、因、喻也。印度之辩，初宗，次因，次喻。兼喻体喻依。大秦之辩，初喻体，近人译为大前提。次因，近人译为小前提。次宗。其为三支比量一矣。《墨经》以因为故。其立量次第，初因，次喻体，次宗，悉异印度、大秦。如印度量，声是无常，所作性故，凡所作者，皆是无常，喻如瓶。如大秦量，凡所作者皆无常，声是所作，故声无常。如墨子量，声是所作，凡所作者皆无常，故声无常。《经》曰："故，所得而后成也。"说曰："故：小故有之不必然，无之必不然，体也，若有端。大故有之必无然，案无是羡文。若见之成见也。"夫分于兼之谓体，无序而最前之谓端，特举为体，分二为节之谓见。皆见《经上》及《经说上》。本云："见，体、尽。"说曰："见：时者体也。二者尽也。"案，时读为特，尽读为节。《管子·弟子职》曰："聖之高下，乃承厥火。"以聖为烬，与此以尽为节同例。特举之则为一体，分二之则为数节。今设为量曰：声是所作，因。凡所作者皆无常，喻体。故声无常，宗。初以因，因局故谓之小故。犹今人译为小前提者。无序而最前,故拟之以端。次以喻体,喻体通,故谓之大故。犹今人译为大前提者。此"凡所作",体也;彼"声所作",节也。故拟以见之成见。上见谓体,下见谓节。因不与宗相剀切,故曰有之不必然。无因者,宗必不立,故曰无之必不然。喻体次因以相要束,其宗必成,故曰有之必然。验墨子之为量,固有喻体无喻依矣。何者?万物无虑有同品,而奇觚者或无同品,以无同品则无喻。《墨经》曰:"不可偏去而二,说在见与俱、一与二、广与修。"《经下》。修,旧误循。诸有形者,广必有修,修亦必有广矣。云线有长无广者,形学之乱。谓几何原本,此语弥儿尝驳之。

　　墨子知其不偏去,倪也。固有有修无广者矣,骋而往,不彭亨而及;招摇无尽,不以针鏠鸟翮之宽据方分,此之谓时。今欲成时之有修无广也,即无同品。虽然,若是者,岂直无喻依,固无喻体。如云,凡有直往无旁及者,必有修无广。时是直往无旁及者,故时有修无广。然除时以外,更无有直往无旁及者。心量生灭,亦有旁延之境。乃至君统世系,不计旁及之处则可,不得谓无旁及。故初句喻体即不可说。喻依者,以检喻体而制其款言。因足以摄喻依,谓之同品定有性;负其喻依者,必无以因为也,谓之异品遍无性。并取因明论说。大秦与墨子者,其量皆先喻体后宗。先喻体者无所容喻依,斯其短于因明。立量者，常则也，有时不可用三支。若《墨经》之驳仁内义外曰："仁，爱也；义，利也。爱利，此也。所爱所利，彼也。爱利不相为外内。所爱利亦不相为外内。其为仁内也，义外也，举爱与所利也，是狂举也。若左目出，右目入。"《经说下》。此以三支则不可说也。破人者，有违宗，有同彼，有胜彼。《大毗婆沙论》二十七所说。亦无所用三支。何谓违宗？彼以物有如种极微也，如种极微，今称原子。而忌言人有庵摩罗识，因言无相者无有。此即近世唯物论说。无相，谓色声香味触皆不可得，非徒无形无色而已。诘之曰：如种极微有相不？则解矣。何谓同彼？彼以异域之政可法也，古之政不可法。因言时异俗异，胡可得而法！诘之曰：地异俗异，可得法不？则解矣。何谓胜彼？彼以世多宽言也，谓言皆妄。诘之曰：是言妄不？则解矣。《墨经》曰："以言为尽悖，悖。说在其旧误倒。言。"《经下》。此谓胜彼破也。

为说者曰：三支不足以原物。故曰漆淖水淖，合两淖则为蹇，湿之则为干。金柔锡柔，合两柔则为刚，燔之则为淖。或湿而干，或燔而淖，类固不必可推知也。凡以说者，不若以亲。案，近世主经验之论理学家多持此说。自智者观之，亲亦有绌。行旅草次之间，得被发魋头两魖服者，此亲也。信目之谛，疑目之眩，将在说矣。眩人召圖案，圖案自垣一方来。即种瓜瓠，荫未移，其实子母钩带，千人见之，且剖食之。亲以目以口则信，说以心意则不信。远视黄山，气皆青；俯察海波，其白皆为苍。易位视之而变。今之亲者，非昔之亲者。《墨经》曰："法同则观其同。""法异则观其宜。"《经上》。亲有同异，将以说观其宜，是使亲诎于说也。原物之质，闻不若说，说不若亲。今有闻火浣布者，目所未睹，体所未御，以说又无类，因谓无火浣布，则人莫不然谓之蔽锢。《墨经》曰："知其所以不知，以字当为羡文。说在以名取。"《经下》。此乃使亲说交诎于闻也。凡原物者，以闻说亲相参伍。参伍不失，故辩说之术奏；未其参伍，固无所用辩说。且辩说者，假以明物，诚督以律令则败。夫主期验者任亲，亟亲之而言成典。持以为矩，矩者曰："尽，莫不然也。""必，不已也。"《墨经上》。而世未有尽验其然者，则必之说废。今言火尽热，非能遍扪天下之火也。扪一方之火，而因言凡火尽热，此为逾其所亲之域。虽以术得热之成火，所得火犹不遍，以是言凡火尽热，悖。《墨经》通之曰："无穷不害兼，说在盈否知。""不知其数而知其尽也，说在明者。"《经下》。则此言尽然不可知。比量成而试之，信多合者，则比量不惑也。若是，言凡火尽热者，以为宗则不悖，以为喻体犹悖。宗者，所以测未来，故虽言凡火尽热无害，喻体者，据已往之成效言之，已往未尝遍验天下之火，则言凡火尽热，为逾其所验之境。言必有明日者，以昨往有今，以絫昨往尽有今，拟仪之也。物固有断，则昨或不断，而今或断。言必有明日者，是犹言人必有子姓，以说不比，以亲即无征。是故主期验者，越其期验。《墨经》说"推类之难"，曰："此然是必然，则俱为糜。"糜读为靡。《经下》及《经说下》。此庄周所以操齐物夫！

明　见

九流皆言道。道者彼也，能道者此也。白萝门书谓之陀尔奢那，译言此则言见，自宋始言道学，理学、心学皆分别之名。今又通言哲学矣。道学者，局于一家；哲学者，名不雅故，搢绅先生难言之。孙卿曰："慎子有见于后，无见于先；老子有见于诎，无见于信；墨子有见于齐，无见于畸；宋子有见于少，无见于多。"《天论》。故予之名曰见者，是葱岭以南之典言也。见无符验，知一而不通类，谓之蔽。释氏所谓倒见见取。诚有所见，无所凝滞，谓之智。释氏所谓正见见谛。自纵横、阴阳以外，始征藏史，至齐稷下，晚及韩子，莫不思凑单微，斟酌饱满。天道恢恢，所见固殊焉。旨远而辞文，言有伦而思循纪，皆本其因，不以武断。今之所准，以浮屠为天枢，往往可比合。然自雒闽诸师，比物儒书，傅其大乘，卒其所拟仪者，如可知，如不可知；如可象，如不可象。世又愈衰，文儒皆巧诋之曰：是固不可以合。夫终日之言，必有圣之法；百发之中，必有羿、逢蒙之巧。自马鸣、无著皆人也，而九流亦人也，以人言道，何故不可合？有盈蚀而已矣。夫其伐者，印度诸文学，始有地、水、火、风诸师；希腊放焉，希腊自闶利史明万物皆成于水。中夏初著书者即《管子》，《管子》亦云：水者，"万物之本原，诸生之宗室。""集于天地，藏于万物，产于金石，集于诸生，故曰水神。"《水地》。夫其简者，莫不曰道不可卷握视听，不可有，不可言也。浮屠虽至精，其言何择？伐且简者即有同，博约淖微之论，宁一切异耶？要举封界，言心莫眇于孙卿，言因莫远于庄周，言物莫微于惠施。《列子》所言，亦往往有合。然其书疑汉末人依附刘向《叙录》为之，故今不举。

孙卿曰："人生而有知，知而有志。志也者，藏也；然而有所谓虚，不以已藏害所将受谓之虚。心生而有知，知而有异。异也者，同时兼知之；同时兼知之，两也；然而有所谓一，不以夫一害此一谓之壹。心卧则梦，偷则自行，使之则谋。故心未尝不动也，然而有所谓静，不以梦剧乱知谓之静。"《解蔽》。藏者，瑜伽师所谓阿罗耶识。此从真谛译，真谛又译阿梨耶，玄奘则译阿赖耶。今审其音，以阿罗耶为正。本作 ࿐࿐ ，玄奘译义为藏识，校其名相，亦可言处，亦可言藏，当此土区宇之义。如山名希夔罗耶，࿐࿐ 希摩为雪，阿罗耶为处，合之为希夔罗耶，译言雪处，亦得译为雪藏。又凡人所居室，并以阿罗耶

名。谓其能藏、所藏、执藏。持诸种，故为能藏矣。受诸熏，故为
所藏矣。任诸根，故为执藏矣。若圜府然，铸子母之钱以逮民，民
入税，复以其钱效之圜府。圜府握百货轻重，使无得越，故谓之
藏。能藏、所藏，书之所谓志也。志即记志之志。而藏识者无覆，
《成唯识论》。无覆故不以已藏害所将受。异者，瑜伽师所谓异熟。
异熟有三，孙卿之言，当异类而熟也。以藏识持诸种，引以生果，
名异熟识。而六识名异熟生，异类而熟。官有五根，物有五尘，故
知而有异。凡人之知，必有五遍行境，谓之触、作意、受、想、思。
解见《原名》。五遍行者，与阿罗耶识相应。当其触受，色声香味
触，可以同时兼知也。验之燕游饮食者，持觞以手，歠之口，臭之
鼻，外接技乐歌儿，物其仪容，闻其奏诵，则耳目兼役之。五者辐
凑以至于前，五官同时当簿其物。虽异受，大领录之者意识也。
内即依于阿罗耶识，不愆期会，与之俱转，故曰不以夫一害此一。
《瑜伽师地论》五十一云：云何建立阿赖耶识与转识等俱转转相？谓阿赖
耶识，或于一时唯与一种转识俱转，所谓末那。何以故？由此末那我见慢
等恒共相应思量行相，若有心位若无心位常与阿赖耶识一时俱转，缘阿赖
耶识以为境界，执我起慢思量行相。或于一时与二俱转，谓末那及意识。
或于一时与三俱转，谓五识身随一转时。或于一时与四俱转，谓五识身随
二转时。或时乃至与七俱转，谓五识身和合转时。如诸心所法，虽诸心所

法性无有差别,然相异故,于一身中一时俱转,互不相违。如是阿赖耶识与俱转识,于一身中一时俱转,当知更互亦不相违。又如于一瀑流,有多波浪一时而转,互不相违。又如于一清净镜面,有多影像一时而转,互不相违。如是于一阿赖耶识,有多转识一时俱转,当知更互亦不相违。又如一眼识,于一时间,于一事境,唯取一类无异色相,或于一时顿取非一种种色相,如眼识于众色,如是耳识于众声,鼻识于众香,舌识于众味亦尔。又如身识,或于一时顿取非一种种触相,如是分别意识,于一时间或取一境相或取非一种种境相,当知道理亦不相违。按五遍行境,要至想位,方有时期先后,同时不得容两想矣。触作意受,同时得容种种诸觉,非特阿罗耶识为然,即在意识亦尔。今世言心理学者,于此多不能解。不悟五遍行境,前三如面,意识与五识偕行;后二如线,独任意识。故前三有同时俱觉,后二无同时俱觉。今人既不知有阿罗耶识,又不知有五识,独以意识擅识之名。无五识身而意识可以同时俱觉,宜其困于辞说矣。

庄周亦云:"心无天游,则六凿相攘。"《外物》。游者,旌旗之流,流虽多,一属于縿。谓之天游,指縿以拟阿罗耶,指流以拟六识。无阿罗耶,则六根六识相纷拿,斯执藏之说已。凡意之起,有定中独头意识者,有散位独头意识者,有梦中独头意识者,有明了意识者,有乱意识者。独头意识,谓不与五识俱转。明了意识、乱意识,即与五识俱转。梦中独头意识,书之所谓梦也。散位独头意识,书之所谓谋与自行也。心也者，"出令而无所受令"。故有自禁，自使，自夺，自取，自行，自止。《解蔽》。当其自使，则有所虑画会计，谓之谋。偷而不自使，又不自禁，如纵猿之在林者，动躁不息，处则思佚荡，手足蠕蠕无所制，谓之自行。按，此即近人所谓盲动、直动。然而阿罗耶识善了别。《成唯识论》。意识有以梦剧乱，是则无乱。按荀子言心，兼阿罗耶意识，此则其未析处。彼以阿罗耶识为依，足以知道。马鸣有言，心真如相，示大乘体；心生灭相，示大乘自体相用。《大乘起信论》。此之谓也。故曰："未得道而求道者，谓之虚壹而静。作之，则将须道者之虚，虚则入；将事道者之壹，壹则尽；将思道者之静，静则察。"《解蔽》。旧有误，从《读书杂志》校。作之者，彼意识也。意识有枝、有倾、有贰，不恒虚、壹、静。能虚、壹、静，若则足以体道。按道者即道，犹之言道体耳。《杂志》以道者为道人，非是。孙卿又曰："心也者，道之工宰也；道也者，治之经理也。"《正名》。其能知八识者矣。生之所以然者谓之性，性之和所生，精合感应，不事而自然，谓之生。此句性字、生字旧误倒。"性之好、恶、喜、怒、哀、乐谓之情。情然而心为之择谓之虑。心虑而能为之动谓之伪。虑积焉、能习焉而后成谓之伪。"《正名》。心者，兼阿罗耶与意识。性者为末那，末那有覆。《成唯识论》。执我以起慢，谓之恶之本。故曰性恶而心非恶，非恶故为道工宰。生之所以然者谓之性,断性则无生。即释氏所谓断四烦恼也。不然,则有礼义法度化性而起伪者,使我见伏,弗能使我见断。按,孙卿言性,指生之所以然者,故谓之恶。世人言性无善无恶者,即以心体为性。由其所指之性有异,故立说有殊,其实非有异也。言性善者则反矣。持世之言徵诸此。陈义则高,经事则庳,此亦孙卿之所短也。

庄周说万物之聚散,始于黜帝,中于缘生,卒于断时。黜帝者,先徵诸物。故曰:"言之所尽,知之所止,极物而已。睹道之人,不随其所废,不原其所起,此议之所止。""季真之莫为,接子之或使。""在物一曲,夫胡为于大方!"《则阳》。莫为者,万物皆自生;或使者,本诸造物。万物,物也,造物者非物邪? 孰指尺之者,无指尺则无验,是狂举也。造物者物邪? 且复有造之者,如是则无穷。故言有帝者两不立。乌不日黔而黑,鹄不日浴而白,无因之论。按,印度无因论师,亦言孔雀种种缋目光明可爱,皆自然生。所以黜帝也。推而极之,"无物不然,无物不可"。"万物皆种也,以不同形相禅;始卒若环,莫得其伦。"《寓言》。则万物皆递化矣。此即达尔文生物进化之说,亦近数论细身轮转之说。"生也死之徒,死也生之始"。《知北游》。则万物皆轮转矣。此即轮回之说,白萝门、庄子、柏剌图皆同,非独释氏也。然则权说以黜帝也,未能过物。故设有待之对,仲尼曰:万物"有待也而死,有待也而生。吾一受其成形,而不化以待尽。"《田子方》。景之谕罔两曰:"吾有待而然者耶?吾所待又有待而然者? 吾待蛇蚹蜩翼耶?"《齐物论》。彼其有待,浮屠谓之十二缘生。缘生始无明,卒之生死。然无明复由生时覆障,从是寻责始生;以后异熟责前异熟,异熟之初不可尽,所待亦与为不可尽,待可疑也。故曰:"莫知其所终,若之何其无命也? 莫知其所始,若之何其有命也?"《寓言》。

若然,始者果不可知,即万论若兔角牛翼矣。是故为设泰初。"泰初有无,无有无名。一之所起,有一而未形。物得以生,谓之德。未形者有分,且然无间,谓之命。留动而生物,物生成理,谓之形。形体保神,各有仪则,谓之性。性修反德,德至同于初。同乃虚,虚乃大。合喙鸣,喙鸣合。与天地为合。其合缗缗,若愚若昏,是谓玄德,同乎大顺。"《天地》。则此言德者如也,虽物亦如也。如不自生,于如而有无明。自视若两,是故有所得而生矣,浮屠谓之共无明。有所得,是故有分,浮屠谓之不共无明。有分为物,是故有理,浮屠谓之界,亦曰种子,依阿罗耶,若恶又聚。本《成唯识论》。地、水、火、风、空、时、方、我,皆界也。然则有德有分,未有时也,物生成理则有时。案始有相,相又有名,谓之喙鸣。名者,声之音均诎曲。《成唯识论》。以是命相,若终古无名者,即道无由以入。本其有名,故与天地合。浮屠志之曰:"若知一切法虽说无有能说可说,虽念亦无能念可念,是名随顺。"《大乘起信论》。而庄周亦谓之大顺。性修反德,德至同于初,谓之合喙鸣。觉者之言与不觉者之言,非有异也。浮屠有言,希有陀罗尼者,过诸文字,言不能入,心不能量。所以者何?此法平等,无高无下无入无出,无一文字从外而入,无一文字从内而出,无一文字驻此法中,亦无文字共相见者。《大般若经》五百七十二。故曰"其合缗缗,若愚若昏,是谓玄德,同乎大顺"矣。

虽假设泰初者,亦随顺言说已。彼物不生,彼理不成,乌得有泰初?夫未成乎心,无是非。《齐物论》。未成乎心,亦不得有今故。故曰天籁者,"吹万不同,而使其自已"。"旦莫得此,其所由以生"。《齐物论》。知旦莫之所生,起于人心分理,至矣,不可以加矣。为说者曰:有一、有德、有命、有物、有形,皆因与果也。有因果者必有第次。时若未生,何由以施因果?浮屠小乘通之曰:诸法于世转时,由位有异,非体有异。如运一筹,置一位名一,置十位名十,置百位名百。虽历位有异,而筹体无异。如是诸法经三世位,虽得三名,而体无别,以依作用立三世别。《大毗婆沙论》七十七。此谓以作用故有时,非以时故有作。犹不决,大乘通之曰:因与果者,如称两头,氏印时等。《成唯识论》。今物在衡一端,一端重故俯,俯故彼一端仰。以此俯故彼仰,俯者为因,仰者为果,然俯仰非异时。故虽无时而有因果，谓之恒转。恒者不断，转者不常。夫世人乱于暗醷之物、强阳之气，不知其反。圣人者，兼爱之，故兼觉之。虽然，宇之所际，宙之所极，"有穷则可尽，无穷则不可尽。有穷无穷未可知，则可尽不可尽未可知"。"而必人之可尽爱也，悖"。《墨子》释之，以为无穷不害兼。《经说》上、下。其义不究，故设未有天地之问。由第一义计之，无古无今无始无终，三世者非实有也。由世俗计之，古犹今也。时不尽，故圣人之爱人终无已者，亦乃取于是者也。《知北游》。浮屠所谓"摄化众生尽于未来"。《大乘起信论》。虽然，庄周方内之圣哲也，因任自然，惟恒民是适，不务超越，不求离系。故曰若人之形，万化而未始有尽，乐不胜计。《知北游》。虽足以斥神仙轻生死，若流转无极何！此亦庄周之所短也。

惠施历物之意，庄周曰："其道舛驳，其言也不中。"又毁其徒，谓之"饰人之心，易人之意；能胜人之口，不能服人之心"。观其所述，惠施持十事，辩者与惠施相应，持二十一事。《天下》。辩者之言，独有飞鸟、镞矢、尺捶之辩，察明当人意；目不见、指不至、轮不踱地，亦几矣。其他多失伦。夫辩说者，务以求真，不以乱俗也。故曰狗无色可，云白狗黑则不可。名者，所以召实，非以名为实也。故曰析狗至于极微则无狗可，云狗非犬则不可。观惠施十事，盖异于辩者矣。本事有十，约之则四，四又为三。

一事："至大无外，谓之大一；至小无内，谓之小一。"又曰："无厚不可积也，其大千里。"此故为自牾以见趣也。大未有不可斥，小未有不可分。虽无利器致之，校以算术可知也。诸在形者，至小为点，白萝门书谓之频度。ᬙᬒᬐ引点以为线，谓之钵伕。ᬤᬘᬭᬢ比线以为面，谓之娑摩角那。ᬟᬫᬏ倍面以为体，谓之瀹伽。ᬰᬡᬗ点者，非自然生，犹面之积已，故因而小之。点复为体，谓之小一可也。点复可析，絫下而点无尽，以为无内非也，因而巨之。体复为点，谓之大一可也。体复可倍，絫上而体无尽，以为无外非也。今夫言极微者，顺世胜论以为无方分。无方分者，谓之因量极微。极微著见为子微，以为有方分。有方分者，谓之果色极微。前者今通言原子，后者今通言分子。果色极微，书之所谓小一也。因量极微，书之所谓无厚也。浮屠难之曰：诚无方分，日光照柱，何故一端有荫？承光发影，必有方分明矣。有方分者则有上下四极，是为六际。一不为六，六不为一，以六为一，不可。约《瑜伽师地论》、《佛性论》、《成唯识论》说。惠施固知之，言无厚不可积，又称其大千里。不可积者，尚无杪忽，安得千里哉！要以算术析之，无至小之倪，故尺度无所起。于无度立有度，是度为幻。度为幻，即至大与至小无择，而千里与无厚亦无择。白萝门书道瓢末आकाश之空，与特萝骠द्रव्य之实相受。瓢末今此为空间、真空，特萝骠今此为实。瓢末分刌节度不可量，故特萝骠分刌节度亦不可量。若画工为图矣，分间布白，杂采调之，使无高下者而有高下，使无窒突者视之窒突。故曰天与地卑，卑借为比。山与泽平。是分齐废也。我知天下之中央，燕之北、越之南是也。是方位废也。南方无穷而有穷，是有际无际一也。连环可解，是有分无分均也。

二事："日方中、方睨，物方生、方死。"诸言时者，有过去、见在、未来。过去已灭，未来未生，其无易知；而见在亦不可驻。时之短者，莫如羯沙那。旧译刹那，按文本作क्षण，旧译简尔。而羯沙那非不可析。虽析之，势无留止。方念是时，则已为彼时也。析之不可尽，而言有时，则是于无期立有期也。势无留止，而言是时，则彼是无别也。故虽方中、方睨、方生、方死，可诸有割制一期。命之以今者，以一羯沙那言今可，以一岁言今犹可。方夏言今岁，不遗春秋；方禺中言今日，不遗旦莫。去者、来者，皆今也。禺中适越，饷时而至，从人定言之，命以一期，则为今日适越矣。分以数期，则为昔至越矣。以是见时者唯人所命，非有实也。按今日适越而昔来，《齐物论》作今日适越而昔至，是来训至也。

三事："大同而与小同异，此之谓小同异；万物毕同毕异，此之谓大同异。"物固无毕同者，亦未有毕异者。浮屠之言曰：从一青计之，以是青为自相，以凡青为共相，青同也。以凡青为自相，以赤、白、黄、紫为共相，显色同也。以显色为自相，以声、香、味、触为共相，色聚同也。色聚之色，谓诸有对者皆名为色。以色聚为自相，以受、想、行、识为共相，法同也。本《成唯识论》述记说。无毕同，故有自相；无毕异，故有共相。大同而与小同异，此物之所有；万物毕同毕异，此物之所无。皆大同也，故天地一体；一体故泛爱万物也。惠施之言，无时、无方、无形、无碍，万物几几皆如矣。椎捣异论，使齑粉破碎，己亦不立。唯识之论不出，而曰万物无有哉，人且以为无归宿。故天命五德之论斩而复掔。己虽正，人以为奇侅；《骓子》《南公》虽僻违，人顾谓之眇道。按，骓衍深疾公孙龙之论，盖阴阳家与名家相忌也。延及汉世，是非错鳌矣。汉世经师，率兼阴阳，名家之传遂绝。此亦惠施之所短也。

尚考诸家之见，旁皇周浃，足以望先觉，与宋世鞅掌之言异矣。然不能企无生而依违不定之聚者，为其多爱，不忍天地之美。虽自任犀利，桀然见道真，踌躇满志则未也。印度虽草昧世，㚤渴吠陀主有神，已言其有无明，不自识知，从欲以分万类矣。按，印度旧教本有神，而与犹阿罗比耶言有神者绝异。彼以造物归美于神，此以造物归过于神。故吠檀多家得起泛神之说。异夫二教之诣曲也。其后明哲间生，至于浮屠，虽精疏殊会，其以人世幻化一也。中夏唯有老子,明天地不仁,以万物为刍狗,犹非恶声。按《老子》本言失德而后仁,是不仁非恶名也。高者独有随化;不议化之非,固稍庳下。庄周所录,惟卜梁倚为大士。周数称南郭子綦,言吾丧我,则是入空无边处定也。《大毗婆沙论》八十四云:法尔初解脱色地名空无边处,依等流故,说此定名空无边处,谓瑜伽师从此定出,必起相似空想现前。曾闻苾刍出此定已,便举两手扪摹虚空。有见问言,汝何所觅。苾刍答曰:我觅自身。彼言汝身即在床上,如何余处更觅自身? 此即"吾丧我"之说。其师女偊自言,无圣人才;有才者独卜梁倚。守而告之,参日外天下,七日外物,九日外生。"已外生矣,而后能朝彻;朝彻而后能见独,见独而后能无古今,无古今而后能入于不死不生。"《大宗师》。此其在远行地哉。案外天下至于外生,则生空观成矣。朝彻见独至于无古今,则前后际断,法空观成矣。凡二乘皆有生空观,无法空观。大乘有法空观者,非至七地,犹未能证无生。此既成法空观,又入于不死不生,故知为七地尔。又彼下云,其为物无不将也,无不迎也,无不毁也,无不成也,其名为撄宁。撄宁者,撄而后成者也。所谓物者,谓如来藏。随顺法性,故无不将迎。一切染法不相应,故无不毁。究竟显实,故无不成。依本觉有不觉,依不觉有始觉,故撄而后成。晋宋古德,喜以庄周傅般若,诚多不谛。隋唐诸贤,必谓庄氏所言悉与大小乘异,亦为不称。如其所述卜梁倚事,虽欲立异,何可得耶! 子綦既不逮,庄周亦无以自达。惜夫!

然七国名世之流,其言挥绰,下本之形魄,其上至于无象,卒未有言气者。言气多本之阴阳、神仙、医经之说,非儒、道、名、法所有。道家书可见者,今尚有《列子》,而《天瑞》篇有太素等名,又云《易》变为一,一变为七,七变为九,皆近"易纬"之说。晚周道家必不为此沾滞之论也,故疑《列子》本书已亡,今本乃汉末人所伪作。又《淮南》亦依托道家,尤多言气,此所以异于晚周。《淮南鸿烈》,兼说《庄子》,《文选·入华子冈》诗注引淮南王《庄子略要》曰:江海之士,山谷之人,轻天下细万物而独往者也。司马彪曰:独往,任自然,不复顾世也。按据《经典释文》,司马彪所注《庄子》五十二篇,视郭象多十九篇,乃《七略》之旧。盖淮南为《庄子略要》,即为杂篇之一,故彪得注之也。今其书已不传。自汉任阴阳之术,治《易》者与之糅,中间黄巾祭酒之书浸以成典。讫于宋世,儒者之书盈箧,而言不能舍理气,适得土苴焉。

辨 性(上)

万物皆无自性。黄炉、大海、爝火、飘风,则心之荫影也。公孙尼子曰:心者众智之要,物皆求于心。《意林》及《御览》三百七十六引。其言有中。无形而见有形,志与形相有则为生。生者于此,生之体于彼。说缘生者,假设以为性。而儒者言性有五家:无善无不善,是告子也;善是孟子也;恶是孙卿也;善恶混,是杨子也;善恶以人异,殊上中下,是漆雕开、世硕、公孙尼、王充也。此即韩愈三品之说所本。五家皆有是,而身不自明其故,又不明人之故;务相斩伐,调之者又两可。独有控名责实,临观其上,以析其辞之所谓,然后两解。人有八识,其宗曰如来藏。以如来藏无所对,奄忽不自知,视若胡越,则眩有万物,物各有其分职,是之谓阿罗耶。阿罗耶者,藏万有,即分即以起末那。末那者,此言意根。意根常执阿罗耶以为我,二者若束芦,相依以立,我爱我慢由之起。意根之动,谓之意识。物至而知接,谓之眼、耳、鼻、舌、身、识。彼六识者,或施或受,复归于阿罗耶。藏万有者,谓之初种。六识之所归者,谓之受熏之种。诸言性者,或以阿罗耶当之,或以受熏之种当之,或以意根当之。

公孙龙曰:"谓彼而彼不唯乎彼,则彼谓不行。谓此而此不唯乎此,则此谓不行。"《名实论》。由是相伐。孙卿曰:生之所以然者谓之性。夫意根断则阿罗耶不自执以我,复如来藏之本,若是即不死不生。生之所以然者,是意根也。孟子虽不言,固弗能异。意根当我爱我慢,有我爱故贪无厌,有我慢故求必胜于人。贪即沮善,求必胜于人,是审恶也。孙卿曰:从人之性,顺人之情。必出于争夺,合于犯分乱理而归于暴,斯之谓恶。我见者,知人人皆有我。知之故推我爱以爱他人,虽非始志哉,亦不待师法教化。

孟子曰：今人乍见孺子将入井，皆有怵惕恻隐之心，是审善也。极我慢者，耻我不自胜，于我而分主客，以主我角客我。我本无自性，故得如是。按《瑜伽师地论》十二云：胜有五种。一、形夺卑下，故名为胜。谓如有一以己媵上工巧事形夺他人置下劣位。二、制伏羸劣，故名为胜。谓如有一以己强力摧诸劣者。三、能隐蔽他，故名为胜。谓瓶盆等能有覆障，或诸药草咒术神通有所隐蔽。四、厌坏所缘，故名为胜。谓厌坏境界，舍诸烦恼。五、自在回转，故名为胜。谓世君王随所欲为处分臣仆。按，第一、二、五种胜，皆以我慢慢人；第四种胜，是以我慢自克。厌坏所缘者，五识以五尘为所缘，意识以一切名相为所缘，意根则以我为所缘。自以胜人，亦不自胜也，胜之则胜人之心解。孙卿谓之礼义义即今仪字。辞让，是无恶也。夫推之极之皆后起，弗可谓性。然而因性以为是，不离其朴。是故爱之量短而似金椎，慢之量缺而似金玦。熔之引之，不异金而可以为环。孟子以为能尽其材，斯之谓善。大共二家皆以意根为性。意根一实也，爱慢悉备，然其用之异形。一以为善，一以为恶，皆趢也。我爱我慢，可以为善，可以为恶，故唯识颂谓意根为无记。二家则分言之。悲孺子者，阅人而皆是。能自胜者，率土而不闻，则孟、孙不相过。孟子以不善非才之罪，孙卿以性无善距孟子，又以治恶比于㤩矫奢厉，悉蔽于一隅矣。方苞举元凶劭、柳璨临刑时语，以证人性本善。此不足证也，善与知善有异。人果受学，虽有恶性，亦知善恶之分。邵固好读史传，而璨且著《析微》以正《史通》，为时所称，宁当不明人伦之义、忠孝之教？即当其弑父负国之时，已自知凶顽无比、覆载不容矣，无待临刑也。知而为之，不足证其性善，但足证其智明耳。

告子亦言生之谓性。夫生之所以然者谓之性，是意根也。即生以为性，是阿罗耶识也。阿罗耶者，未始执我，未始执生，不执我则我爱我慢无所起，故曰无善无不善也。虽牛犬与人者，愚智有异，则种子之隐显殊耳，彼阿罗耶何以异？以匏瓜受水，实自匏瓜也；虽其受酒浆，非非匏瓜也。孟子不悟己之言性与告子之言性者异实，以盛气与之讼。告子亦无以自明，知其实，不能举其名，故辞为之诎矣。杨子以阿罗耶识受熏之种为性。夫我爱我慢者，此意根之所有。动而有所爱有所慢，谓之意识。意识与意根应，爱慢之见，熏其阿罗耶，阿罗耶即受藏其种。更迭死生，而种不焦敝；前有之种，为后有之增性。故曰善恶混也。夫指穷于为薪而火不知其尽，形气转续，变化相嬗。故有忽然为人，忽然犹言暂尔，非谓无因而至也。亦有化为异物。轮转之说，庄生、贾谊已知之矣。杨子不悟阿罗耶恒转，徒以此生有善恶混。所以混者何故，又不能自知也。漆雕诸家，亦以受熏之种为性。我爱、我慢，其在意根，分齐均也，而意识用之有偏胜。故受熏之种有强弱，复得后有，即仁者、鄙者殊矣。虽然，人之生未有一用爱者，亦未有一用慢者。慢者不过欲尽制万物，物皆尽，则慢无所施，故虽慢犹不欲荡灭万物也。爱者不过能近取譬，人扼我咽，犹奋以解之，故虽爱犹不欲人之加我也。有偏胜则从所胜以为言，故曰有上中下也。夫尘埃祄覆，则昏不见泰山；建绛帛万端以围尺素，则白者若赤。物固有相夺者，然其质不可夺。漆雕之徒不悟，而偏执其一至，以为无余，亦过也。

问曰：善恶之类众矣。今独以诚爱人为审善，我慢为审恶，何也？答曰：审谛真一实也，与伪反。伪善有数：利人者欲以纳交要誉，一也；欲以生天，二也；欲以就贤圣，三也；欲以尽义，四也。尽义之说有二：出乎心所不能已者为真，以为道德当然而为之者为伪。此指后说。此皆有为。韩非之《解老》曰："义者，谓其宜也。宜而为之，故曰上义为之而有以为也。"夫三伪固下矣，虽以尽义，犹选择为之，计度而起，不任运而起，故曰伪。诚爱人者无所为。韩非之《解老》曰："仁者，谓其中心欣然爱人也。其喜人之有福，而恶人之有祸。生心之所不能已，非求其报。"不求报则异于前三伪，心所不能已，则异于后一伪。"故曰上仁为之而无以为也"。无以为者，任运而起，不计度而起，故谓之审。

德意志人有箫宾霍尔者，盖知其端兆矣。知有伪善，顾不知有伪恶，其极且以恶不可治。夫有为而为善，谓之伪善；若则有为而为恶者，亦将谓之伪恶矣。今人何故为盗贼奸邪？是饥寒迫之也。何故为淫乱？是无所施写迫之也。何故为残杀？是以人之堕我声誉权实迫之也。虽既足而为是者，以其志犹不足，志不足故复自迫。此其为恶，皆有以为者，是故予之伪恶之名。伪者，谓心与行非同事。虽心行皆非善，而意业与方便异，故曰伪。然而一往胜人之心，不为声誉权实起也。常人之弈棋者，趣以卒日，不求簿进，又非以求善弈名也；当其举棋攻劫放舍，则务于求胜。常人之谈说者，非欲以口舌得官及以就辩士之名也；其所谈说，又内无系于己，外不与于学术政教也，说而诎必辩，辩而不胜必争。人有猝然横逆我者，妄言骂詈，非有豪毛之痛也，又非以是丧声誉权实，当其受詈，则忿心随之。此为一往胜人之心，无以为而为之，故予之审恶之名。审善恶者，浮屠以为用性作业；伪善恶者，浮屠以为用欲作业。见《大智度论》八十八。以审善恶遍施于伪善恶，以伪善恶持载审善恶，更为增上缘，则善恶愈长，而亦或以相消。精之醇之，审善审恶，单微一往而不两者，于世且以为无记。是故父子相保，言者不当一匡之仁；局道相斫，见者不拟略人之恶。及为群众，其分又弥异。大上使民无主客尊卑，以聏合欢，以调海内。其次善为国者，舒民之慢，无夺民之爱。舒慢故尊君之义日去，其尊严国体亦愈甚。无夺爱故不苟人之隐曲也。且国者本以慢生，故武健胜兵者为右，而常陵轹弱小，杀敌致果，易之则为戮。故审恶且为善，而审善又且为恶。诸自有国以后者，其言善恶，非善恶之数也。凡善恶之名，因人而起者，分之则有真意恶，伪善恶。因国而起者，其善非善，其恶非恶，或且相背驰矣。有对于其国之所行，可称为善为恶者，则取人为单位，他不复计。夫伪善恶易去，而审善恶不易去。人之相望，在其施伪善；群之苟安，待其去伪恶。彼审恶者，非善所能变也。善兼审善、伪善言之。审善或与审恶相调，令审恶不易现行，如朋友相亲，则伏我慢也。伪善亦或与审恶相调，令审恶不易现行，如惧有死亡之祸，则不敢犯分陵人也。然审恶亦或能对治伪恶，如自贵其身，则不肯苟取藏私也。审善亦或能现起伪恶，如贫者养亲，则盗邻家之埶麦也。要之以审善伏审恶，其根不可拔；以审恶对治伪恶，以审善现起伪恶，则其流变无穷矣。然而伪恶可以伪善去之，伪之与伪，其势足以相灭。今夫以影蔽形，形不亡；以形蔽形，形犹若不亡；以影蔽影，则影自亡。如息树下者，以有树影故无人影，非人影为树影所障，乃其时实无人影也。伪与真不相尽，虽两真犹不相尽，而伪与伪相尽。且伪善者，谓其志与行不相应；行之习，能变其所志以应于行，又可以为审善。何者？以人性固可以爱利人。不习则不好，习焉而志或好之。若始学者，志以求衣食，习则自变其志以求真谛。以人性固意知真谛，此由我见所推而成。故得其嗜味者，槁项食淡攻苦而不衰。是故持世之言，以伪善羡道人，虽浮屠犹不废。箫宾霍尔不悟，以为恶不可治，善不可勉以就。斯过矣。善恶实无自性，故由伪善亦可以致审善。箫宾霍尔未悟斯义，遂局于自然之说。

恶之难治者，独有我慢。虽为台隶，擎跽曲拳以下长者，固暂诎耳。一日衣裘壮丽，则奋矜如故。人有恒言，以为善佞谀人者，亦善陵人。亦有量人穷通调度高下者，为之而有以为，犹伪恶也；为之而无以为，横计胜劣，以施毁誉。今远西多有此病。对于强者、富者、贵者则誉不容口，对于弱者、贫者、贱者则一切下视之，而己非必有求于所誉者也。其强、其富、其贵，或过于所誉者。故曰为之而无以为。即其恶与慢准，惟慢为能胜慢。何者？能胜万物而不能胜我，犹孟贲举九鼎，不自拔其身，力士耻之。彼忧苦者我也，淫湎者我也，懈惰者我也，矜夸者我也，傲睨者我也，而我弗能挫衄之，则慢未充。是故以我慢还灭我慢，谓之上礼。韩非之《解老》曰："众人之为礼，以尊他人，故时劝时衰。君子为礼，以尊其身，故神之为上礼[③]。上礼神而众人贰，上礼者，不以尊卑贵贱异礼也，不可为国，故众人贰。故不能相应。""众人虽贰，圣人之复恭敬尽手足之礼也不衰，故曰：攘臂而仍之。"上礼与谄何异哉！假令平人相遇，无强弱、贫富、贵贱之校者，跪拜以送之，颂说以誉之，芬香以献之。

鞠躬翼戴，比于臣仆，虽似谄则谓之长德也。谄者计胜劣，上礼者无胜劣之计。故正势而行谓之谄，正节而行谓之上礼。《韩子·解老》说上礼与礼异，凡君臣之礼，亦谄之类也。故曰："礼者，忠信之薄，而乱之首也。"上礼则异是。上礼者固以自为，惟孔子亦曰"克己复礼"。浮屠有忍辱，皆自胜也。持戒精进亦由自胜生。持戒以胜淫涵，精进以胜懈惰。禅定亦由自胜生，以胜忧苦。卒言其极，非得生空观慢不灭。善之不可灭者，独有诚爱人，虽食肉之兽不绝也。横而充之，又近伪善矣。知万物为一体，其充生于不能已者。善之至也，至于无生，而善复灭矣。

问者曰：世之高士，不降其志，不辱其身。齐有饿人者，闻"嗟来"则不食；鲁有臧坚者，刑人吊之，以杙抉其创死。此为以我慢伏我爱，未审善也。而前修以为卓行，今宜何论？应之曰：高士者，亡贵其慢，贵其寡情欲。诸有我见者，即有我所有法，身亦我所有法也。摄受于身者，卒之摄受于我，以爱我故爱我所有。淫声色，溓滋味，有之不肯去，无之而求给。则贼人所爱，慢又助之。歆色者且欲妻宓妃，歆声者欲使白虎鼓瑟、苍龙吹篪。虽不可得，犹有欲求也。几可以得之者，无挹损人，可得哉。治以工宰，工宰又愈贼人。如因政府，又起赋税诸法，其流无已。彼高士者，以我慢伏我爱。我慢量少，伏我爱之量多，短长相覆，是故谓之卓行。大上有许由、务光之让王，其次不臣天子、不友诸侯。内则胜贪，外之使人知工宰为世贼祸，足以仪法。其德辟恶，其业足以辟增上恶缘。世之言卓行，不惟审善，虽辟恶亦与焉。故阿魏非香也，臭之不可于鼻，用足以辟诸腐臭，故准之香。自由、光而下者，虽有少慢，其辟恶固优矣。精洁如由、光，又无慢者，非阿魏之比，而犀角之比。犀角食之无益人，不得与上药数；以其辟毒，则准之上药。是故诸辟恶者，不为审善，以伏审恶，则字之曰准善。饿人臧、坚，视由、光已末矣。其慢犹少，其伏我爱犹多，诚未清净，若白练有小点者。世无大士，则高士为其甲。若夫不忍货财妃匹之亡，而自狸以为快者，其爱我所有法甚，其爱我亦愈甚。不遂故自贼，犹以醒醉解忧也，故世亦莫之贵。

问者曰：意根有我爱，易知也。何故复有我慢？应之曰：当其有阿罗耶识，即有意根矣。故曰束芦，意根者，生之所以然。有生不能无方分，方分者不交相涉。以此方分格彼方分，此我慢所以成。非独生物也，蓬颗野马，常自以己之方分，距异物使不前，一玉屑一芥子而不相受。假令无我慢者，则是无厚。无生者不自立，有生者无以为生。故我慢与我爱交相倚也，若宝剑之有文铙矣；如浮脂不可脱，如连珠不可掇。以为一邪，抗下异节；以为二邪，其荣满侧。及其用之，我慢足与他人竞，我爱足与他人和，其趣则异。是何也？自执有我，从是以执他人有我。慢之性使诸我相距，爱之性使诸我相调。调与距虽异，其趣则然。昔者项王意乌叱咤，千人俱废，然见人慈爱妪妪，人有疾痛，为之涕泣和药。今有大侠遇盗于涂，角力者杀之，乞命者即矜而活之。师子至暴也，一鹿之肉，给其日食有余，然独意杀象者，以其力之多；见人蒲伏其前，则经过不搏。麒麟为仁矣，不杀虫蛾，遇师子即引足蹎跋，令辟易数十丈死。是故爱、慢异流而同其柢。然而爱不足以胜慢矣；惟慢胜慢。故上礼不以为情貌，以自攻拔其身。此与孙卿矫饰之说不同。极我慢以治我慢，非由矫也。亦与康德所谓绝对之命令不同。彼谓知善故施此命令，此谓由我慢之念而极之，犹壮士求自举其身。夫以我胜我，犹有我慢之见也。彼大士者，见我之相胜，以知我之本无。若本有我，则我不为二；我不为二，则无以我胜我之理。益为上礼，使慢与慢相尽，则审恶足以解。浮屠喻之以梦渡河。谓如梦中见有大河，横距行径，即奋跃求越过。正奋跃时，其梦即寤。实无有河，亦无有奋跃事。然非奋跃，则梦亦不能寤。然则孟子、孙卿言性也，而最上者言无我性。亲证其无我性，即审善审恶犹幻化，而况其伪乎！

辨　性（下）

孔子曰："生而知之者上也，惟上智与下愚不移。"此亦计阿罗耶中受熏之种也。熏之者意识,其本即在意根。人心者,如大海。两白虹婴之,我见我痴是也;两白蛟婴之,我爱我慢是也。彼四德者,悉依隐意根。由我见,人有好真之性。亦以我爱为增上缘,惟我见则无情好。真略分五:一曰实,二曰如,三曰成,四曰常,五曰明了。主观之念,适当客观。客观之境,适当主观。谓之如。好奇好巧,皆好如也。怀旧之念,由好如及好适中、好同和合所成。熹旧想复现者,由好如、好明了和合而成。由我爱,人有好适之性。适分为四:一曰生,二曰安(安复分八:一亭隐,二饱,三润,四暖,五清凉,六动,七逸,八通利。好速之念,由好动、好通利孳乳。)三曰美(美复分七:一净,二丽,三韵,四旨,五芳,六柔,七法处所摄美。)四曰同。此即合群之念所起,好善之念,亦由此孳乳。由我慢,人有好胜之性。好名之念,由好胜及好适中、法处所摄美和合所成。如上三事,摄人生所好尽。昔希腊学者,分真善美三事,为人情所同好。此实短拙。故今分别如此,其详别见。此诸位者或互为助伴,亦互相折伏,由此人情好尚,种种不定。责善恶者于爱慢,责智愚者于见痴,我见者与我痴俱生。何谓我痴?根本无明则是。以无明不自识如来藏,执阿罗耶以为我执此谓之见,不识彼谓之痴。二者一根,若修广同体而异其相。意识用之,由见即为智,由痴即为愚。智与愚者,非昼夜之校,而巨烛、煴火之校。痴与见不相离,故愚与智亦不相离。上智无痴,必无我见也,非生而具之。下愚者,世所无有,诸有生者,未有冥顽如瓦砾者矣。浮屠言一阐提者,亦谓其性最恶,非谓其性最愚。

尝试以都最计之。世方谓文教之国其人智,蠕生之岛其人愚。彼则习也,非性。就计所习,文教国固多智;以其智起愚,又愚于蠕生之人。何者? 世之恒言,知相、知名者为智,独知相者谓之愚。蠕生之人,五识于五尘犹是也。以不具名,故意识鲜通于法。然诸有文教者,则执名以起愚,彼蠕生者犹舍是。

一曰征神教。蠕生者事牛、耿黾,以虺、易为灵蛇;而文教者或事上帝。由慢计之,事上帝则优,事牛、虺、耿黾则劣;自见计之,上帝不可验,而牛、虺、耿黾可验。其言有神灵,皆过也。一事可验,一事不可验,则蠕生者犹少智。何以明之? 今有二人,一谓牛角能言,一谓马角能言,其过则等。牛角虽不能言,固有牛角,其过一;马角者,非直不能言,又无马角,其过二。故以马角为能言者,视以牛角为能言者,其愚以倍。

二曰征学术。蠕生者之察万物,得其相,无由得其体;虽得之,不横以无体为体。有文教者得其体矣,太上有唯识论,其次有唯物论。识者以自证而知,物者以触受而知,皆有现量,故可就成也。凡非自证及直觉感觉所得者,皆是意识织妄所成。故不能真知唯识者,宁持唯物。唯物亦有高下二种。高者如吼模,但许感觉所得,不许论其因果，此即唯识家之现量也。其次虽许因果，尚少织妄，而世人不了唯识，有谓任意妄称，虽无亦可谓之有者。近日本有妄人笕克彦以此成其法理之学，重纰妯缪，不知其将何底也。计唯物者，虽不圆成实性，犹据依他起性。最下有唯理论师，以无体之名为实，独据遍计所执性，以为固然。无体之名，浮屠谓之不相应行。非心非物，故曰不相应行。成唯识有不相应行二十四种。康德所说十二范畴，亦皆不相应行也。意识用之以贯万物，犹依空以置器，而空不实有。海羯尔以有无成为万物本，笛佚尔以数名为实体，此皆无体之名。庄周曰："名者实之宾。"《逍遥游》。尹文曰："有形者必有名，有名者未必有形。"《大道上》。今以有名无形者为实，此蠕生者所不执也。浮屠言真如者，《成唯识论》云：真如即是唯识实性。以识之实性不可言状，故强名之曰如。若执识外别有真如者，即与计有无为实物者同过。又此土学者，或立道，或立太极，或立天理。要之非指物即指心。或为综计心物之代语。故亦无害。若谓心物外别有道及太极、天理者，即是妄说。

三曰征法论。蠕生者独以酋长为神，国皆酋长产也。虽粗有文教者，犹以君为国家。文教益盛，谓君长、人民、土地皆非国，而国有其本体。由爱计之，独主君则民病，以国为主而民少纾。夫论物者宜弃捐善恶利害之见，和精端容，实事以效是。然则病民与否，非其所宜计也。由见计之，君犹实有，而国家非实有。即钩校其诚者,国固无系君,顾一国人之总业耳。凡事有总业者,有别业者。别业者,以一人之力就之,农耕、裨贩是也;总业者,集数人之力就之,家乎、市乎、乡曲乎,最大则为国。是故农、贾非实有也,实之谓人,业之谓农、贾。(不了此义,故名家有杀盗非杀人之说,是以业为实也。)家、市、乡曲亦然,有土、有器、有法,土者人所依,器与法者人所制,故主之者曰人。今曰国家有自体,非君长、人民、土地;若则曰市非钱布、化居、人民、廛舍也,而自有市之体,其可乎? 近世法家妄立财团法人、社团法人之名,此皆妄为增语。虽然,名之曰法人,则本非实人也。此与果实名人何以异? 家、市、乡曲之与国,或以字养,或以贸迁,或以保任,或以布政用师;其业不同,校其实即同。所以殊名者,以业起,不以实起。不辨实业之分,以业为体,犹舍心与形躯,而言人有炎魂。或曰:国者有作用,故谓之有。是不然。以君长假国为号然后作,非国自能作。若巫师假鬼以为号,然后有祠堂禜禳;而巫师亦得糈,彼鬼者能自作乎? 以国家有作用,而鬼亦有作用;因是以国家为实有,是鬼亦实有耶? 或曰:凡人默自证,知我为是国人也,以自证故谓国有。是不然。知为是国人者,非自证也。人自证有识者,不待告教;自知为是国人者,待告教然后辨。以其习闻之,遂有胜解。胜解,谓决定不可转移之念。而想滑易,则若自证。譬若人之有姓者,亦默自知之也,然不告教则不知。以国为实有者，彼姓亦实有耶？此又蠕生者所不执也。

四曰征位号。蠕生者无君臣吏民之号，有之亦亡重轻。有文教者，其位号滋多。今人言名者，或以名有虚实异。声誉之谓虚名，官位之谓实名。夫名则尽虚也，顾以为有实者，得官位足以饱暖，且役使人；得声誉不足以饱暖役使人。此其业之异矣，于实则奚异？名且言实，则是以影为形也。今之法家，皆曰君位实有也，某甲南面者则表章之。即如是，弑某甲则不为大逆，与杀凡民均。是何也？则不能弑其君位也。然法律又异等。言法之理，与定法之条相反，岂不悖哉！且位者万物尽有之，亡独人君。以位为实，即以肥牸食客，是充牺位也。牺位实有，而牸表彰之。不知客所欲啖者，其牸耶，妄其欲啖牺位耶。从是以观，以甲飨乙，甲非主，乙非客，主位、客位皆实有，而甲乙表彰之。凡夫妇、奴主皆准是。从是以推无生诸行，水之在壑，则渠位实有，而清水、浊水表彰之。火之在灶，则爨位实有，而桑柘之火、枣杏之火表彰之。然则名实交纽，为戏谑之论矣。此又蠕生者所不执也。

五曰征礼俗。蠕生者祭则就墓，无主祏之仪；觐则谒君，无画像之容；战则相识，无徽识之辨，皆就其体。颇有文教，立之主设之像矣，又有旌旗矣。主像者所以系心，不以君亲竟在是也；旌旗者所以分部曲，不以军府竟在是也。其转执者，或置其君之画像于横舍，莫夜火发，其师既跣足出，返复翼奉其君之像，若救其君之身者，竟以燔死。有两国相争者，状貌素异，虽拔其旗，弗能假以掩袭。然同伍死则不相救，军旗失则践积尸冒弹丸以救之，若救其军府。此又蠕生者所不执也。

六曰征书契。蠕生者或无文字，有之曰足以记姓名簿籍而已，有文教者，以文字足以识语言，故曰名者圣人之符。《群书治要》引《申子》。其转执者，或讳其君亲之名，或刻楮印布以为金币。夫以名为君亲之实，则是书君亲之名裂之，即支解君亲也。刻符可以为币，则是断并闾以为轮，揭巴蕉以为旗，杖白茅以为剑，亦可以为军实也。今是掷五木者，有卢、有雉；卢不可奖以执留，雉不可烹以实鼎。即有用之者，人且以为大戆。今独以讳君亲、用纸币为恒事，则何也？夫国有成俗，语言不可移，故文字不可移。然而文字不以为实。以文为实，此又蠕生者所不执也。

由是言之，见与痴固相依。其见愈长，故其痴亦愈长。而自以为智者，诚终身不灵哉！问者曰：人若无见，即如灰土矣。今见愈长而痴从以长，是终无正见之期也。应之曰：人之见自我见始，以见我故谓生物皆有我，亦谓无生者有我。我即自体。由是求真，故问学思虑应之起。其以为有我者，斥其实，不斥其德业。故有一石焉，拊之即得坚，视之即得白，坚与白其德也。而终不曰坚白，必与之石之名者，其念局于有实也。故诸有相可取者，取相不足，必务求其体。从是有学术，而其智日益驰骋。从是不知止，又不知返，其愚亦益驰骋。何者？名起于想，所想有贞、伪。以想如自证触受之量为贞，以想不如自证触受之量为伪。名之如量者，有若坚白；其不如量者，有若石。又远曰此石彼石，又远曰石聚，又远则从其聚以为之号。明和合之为伪，假以通利虑宪，即无害。所以必假伪名以助思虑者，以既在迷中，不由故道，则不得返。尝闻声论师波腻尼之言矣，诸名言自体为什匏吒ऋषि，什匏吒应于青为青，应于赤为赤，应于然为然，应于否为否。彼特以自心相分为主，而不执所呼者有体，斯可也。然则名言之部，分实、德、业使不相越，以实、德、业为众同分。众同分者，谓人所同然。实、德、行三，凡人思慧皆能别之，故曰众同分。约定俗成，故不可陵乱。假以实、德、业论万物，而实不可为德、业，德、业亦不可为实。譬如建旗，假设朱雀、腾蛇、北斗、招摇之象，而不可以相贸。知其假设而随顺之，为正见；不知其假设而坚持之，谓之倒见。诚斯析之，以至无论。坚白可成，石犹不可成。何者？实不自表，待名以为表。德者无假于名，故视之而得白，拊之而得坚，虽暗者犹得其相。至于石非名不起也，执有体故有石之名，且假以省繁辞。是何故？以有坚白者不唯石,如是坚,如是白,其分齐不与佗坚白等。道其分齐,则百言不可尽。故命以石之名者,亦以止辞费。知之,虽言石,固无害,不知者执以为体。自心以外,万物固无真;骛以求真,必与其痴相应。故求真亦弥以获妄。虽然,唯物之论于世俗最无妄矣,执增语以为实而妄益踊。是故老聃有言曰:"始制有名。名之既有,夫亦将知止。"

---

① "《喻老》",应为"《解老》"。

② "举封",应为"举卦"。

③ "君子为礼,以尊其身。故神之为上礼",应为"君子之为礼,以为其身,以为其身,故神之为上礼"。